Tonys Millionärs-Blaupause

dem Gesetz der Anziehung Reichtum
erschließen

Tony Tushar Popat

Vorwort

Sie da! Dieses Buch wurde ursprünglich auf Englisch geschrieben und dann in andere Sprachen übersetzt. Wenn Sie dieses Buch in einer anderen Sprache lesen, möchte ich Sie darüber informieren, dass ich eine Übersetzersoftware verwendet habe, um es in Ihre Sprache zu übersetzen. Ich wollte Sie nur darauf aufmerksam machen, dass es möglicherweise nicht 100 % genau ist und einige Fehler enthalten könnte. Sollten Ihnen dennoch Fehler auffallen, zögern Sie bitte nicht, mich darüber zu informieren! Mein Hauptziel ist es, mein Wissen mit möglichst vielen Menschen zu teilen, die mein Buch möglicherweise nicht auf Englisch lesen oder verstehen können. Ich schätze Ihre Geduld und Ihr Verständnis sehr und möchte mich im Voraus für etwaige Unannehmlichkeiten entschuldigen, die durch die Übersetzungsfehler entstanden sind. Vielen Dank für Ihre Unterstützung!

Es ist mir eine große Freude, dieses Buch vorzustellen, von dem ich glaube, dass es eine aufschlussreiche und inspirierende Lektüre für jeden sein wird, der sich für persönliche Entwicklung und Wachstum interessiert. Die in diesem Buch vorgestellten Ideen basieren auf der Überzeugung, dass wir alle die Kraft in uns haben, das Leben zu schaffen, das wir wollen, und unsere Ziele und Träume zu erreichen.

Das Buch untersucht die Prinzipien des Gesetzes der Anziehung und wie wir es nutzen können, um positive Erfahrungen und Ergebnisse in unser Leben zu ziehen. Es bietet praktische Anleitungen und Übungen, die den Lesern helfen, die Kraft ihrer Gedanken und Gefühle zu nutzen und diese zu nutzen, um die Realität zu schaffen, die sie sich wünschen.

Ich habe dieses Buch mit dem Ziel geschrieben, einen klaren und leicht verständlichen Leitfaden zum Gesetz der Anziehung zu bieten. Unabhängig davon, ob Sie mit diesem Konzept noch nicht vertraut sind oder sich bereits seit einiger Zeit damit befassen, hoffe ich, dass Sie dieses Buch informativ und zum Nachdenken anregend finden.

Durch die Seiten dieses Buches lade ich Sie ein, mit mir auf eine Reise der Selbstfindung zu gehen, auf der wir die Prinzipien des Gesetzes der Anziehung erforschen und lernen, wie wir sie in unserem täglichen Leben anwenden können. Ich glaube, dass wir durch das Verstehen und Umsetzen dieser Prinzipien ein Leben voller Freude, Fülle und Erfüllung schaffen können.

Ich hoffe aufrichtig, dass dieses Buch eine wertvolle Ressource für Sie ist und Sie dazu inspiriert, Maßnahmen zu ergreifen, um Ihre Ziele zu erreichen und das Leben zu führen, das Sie sich wirklich wünschen. Vielen Dank, dass Sie sich die

Zeit genommen haben, dieses Buch zu lesen, und ich wünsche Ihnen alles Gute auf Ihrem Weg der Selbstfindung und des persönlichen Wachstums.

Willkommen

Willkommen in meinem Buch! Mein Name ist Tony Tushar Popat und ich freue mich, meine Geschichte und Erkenntnisse mit Ihnen zu teilen. Dieses Buch ist der Höhepunkt meiner Lebenserfahrungen und meiner Reise zu Erfolg und Glück.

Zweck des Buches:

Der Zweck dieses Buches besteht darin, die Leser zu inspirieren und zu motivieren, ihre Ziele und Träume zu erreichen. Ich glaube, dass jeder das Potenzial hat, ein erfülltes Leben zu führen, aber oft werden wir durch unsere einschränkenden Überzeugungen und Umstände zurückgehalten. Mit diesem Buch möchte ich die Prinzipien und Techniken weitergeben, die mir geholfen haben, meine Herausforderungen zu meistern und Erfolg zu haben.

Zielgruppe:

Dieses Buch richtet sich an alle, die Schwierigkeiten haben, in ihrem Leben eine Richtung zu finden, oder Rat suchen, wie sie Hindernisse überwinden und Erfolg haben können. Ganz gleich, ob Sie Student, Berufstätiger, Unternehmer oder jemand sind, der sein Leben verändern möchte, dieses Buch ist genau das Richtige für Sie.

Was zu erwarten ist:

In diesem Buch teile ich meinen persönlichen Weg zu Erfolg und Glück und die Lektionen, die ich dabei gelernt habe. Sie lernen das Gesetz der Anziehung kennen und erfahren, wie Sie es nutzen können, um Ihre Wünsche zu manifestieren, die Kraft des positiven Denkens, die Bedeutung des Setzens von Zielen und wie Sie eine Wachstumsmentalität entwickeln.

Außerdem erfahren Sie mehr über die Herausforderungen, mit denen ich konfrontiert war, als ich in einer Mittelklassefamilie in Indien aufwuchs, über meine Probleme mit den Finanzen und wie ich sie überwunden habe, um ein erfolgreiches Unternehmen aufzubauen. Ich werde meine Erkenntnisse über Unternehmertum, Führung und die Bedeutung des Eingehens kalkulierter Risiken teilen.

Abschluss:

Ich hoffe, dass dieses Buch Sie inspiriert und motiviert, Maßnahmen zur Verwirklichung Ihrer Ziele und Träume zu ergreifen. Denken Sie daran, dass Erfolg kein Erfolg über Nacht ist, sondern eine Reise, die Beharrlichkeit, harte Arbeit und eine positive Einstellung erfordert. Lassen Sie uns also gemeinsam auf diese Reise gehen, und ich verspreche Ihnen, dass Sie es nicht bereuen werden.

Über den Autor

Der Name des Autors ist Tushar Popat, auch bekannt als Tony: Eine Geschichte über die Überwindung finanzieller Schwierigkeiten und die Annahme des Gesetzes der Anziehung.

Er wurde 1970 in Mumbai, Indien, geboren und wuchs in einer bürgerlichen Familie auf. Schließlich zogen sie in die Stadt Surat im Bundesstaat Gujarat an der Westküste Indiens. Das Leben war hart für ihn und seine Familie. Sein Vater versuchte im Laufe seines Lebens mehrere Geschäfte, doch die meisten scheiterten und deckten kaum die Haushaltskosten. Dennoch glaubten seine Eltern an den Wert einer guten Bildung und schickten ihn und seine Geschwister auf die beste Schule der Stadt, auch wenn sie sich die hohen Gebühren einer englischsprachigen Schule nicht leisten konnten. Viele andere würden ihre Kinder in lokale Sprachschulen schicken, aber seine Eltern wollten, dass sie die bestmögliche Ausbildung erhalten.

Seine Eltern glaubten, dass ihre Kinder mit einer guten Bildung ein besseres Leben und eine bessere Zukunft haben würden. Sie hatten Recht, denn allen Kindern geht es jetzt gut. Ihre Reise verlief jedoch nicht ohne Schwierigkeiten. Sie mussten die Schatten des Pechs ihrer Eltern überwinden, dachten sie zumindest, bis sie die Kraft des Gesetzes der Anziehung entdeckten.

Er vertrat das Gesetz der Anziehung, das den Glauben besagt, dass positive Gedanken zu positiven Ergebnissen führen können. Indem er sich auf positive Gedanken und Energie konzentrierte, konnte er die finanziellen Schwierigkeiten seiner Vergangenheit überwinden und in seinem Leben Erfolg haben. Er führt einen Großteil seines Erfolgs auf seine Denkweise und die Kraft des positiven Denkens zurück.

Trotz der Herausforderungen, mit denen er in seinem frühen Leben konfrontiert war, hielt er durch und fand Erfolg durch harte Arbeit, Entschlossenheit und eine positive Einstellung. Seine Geschichte dient als Inspiration für andere, die möglicherweise Schwierigkeiten haben, Hindernisse in ihrem eigenen Leben zu überwinden. Mit der richtigen Einstellung und dem Glauben an das Gesetz der Anziehung kann jeder seine Träume verwirklichen und ein erfülltes Leben führen.

Kapitel 1 Einleitung:

A. Überblick über das Gesetz der Anziehung

Das Gesetz der Anziehung ist ein wirkungsvolles Konzept, das besagt, dass Gleiches Gleiches anzieht. Mit anderen Worten: Ihre Gedanken und Gefühle haben einen direkten Einfluss darauf, was Sie in Ihr Leben ziehen. Dazu gehören Ihre Erfahrungen, Beziehungen, Ihre finanzielle Situation und Ihr allgemeines Wohlbefinden.

Gemäß dem Gesetz der Anziehung reagiert das Universum ständig auf Ihre Gedanken und Gefühle und sendet Ihnen Erfahrungen und Situationen zurück, die Ihrer vorherrschenden Schwingung oder Frequenz entsprechen. Wenn Sie also ständig über Mangel und Knappheit nachdenken, werden Sie mehr davon in Ihr Leben ziehen. Aber wenn Sie sich auf Fülle und Positivität konzentrieren, werden Sie auch mehr davon in Ihr Leben ziehen.

Eines der Schlüsselprinzipien des Gesetzes der Anziehung ist, dass Sie der Schöpfer Ihrer eigenen Realität sind. Ihre Gedanken und Gefühle prägen Ihre Erfahrungen und bestimmen, was Sie in Ihr Leben ziehen. Indem Sie die Kontrolle über Ihre Gedanken und Gefühle übernehmen, können Sie damit beginnen, die Realität zu erschaffen, die Sie wollen.

Das Gesetz der Anziehung wurde in verschiedenen spirituellen und philosophischen Traditionen diskutiert und in den letzten Jahren durch Bücher, Filme und Seminare populär gemacht. Obwohl das Konzept einfach erscheinen mag, kann es schwierig sein, es in die Praxis umzusetzen, insbesondere wenn Sie seit langem einschränkende Überzeugungen oder negative Denkmuster haben.

In diesem Buch werden wir das Gesetz der Anziehung detaillierter untersuchen und Ihnen praktische, umsetzbare Schritte an die Hand geben, mit denen Sie beginnen können, es in Ihrem eigenen Leben anzuwenden. Ganz gleich, ob Sie mehr Reichtum anziehen, Ihre Beziehungen verbessern oder Ihre Träume verwirklichen möchten, das Gesetz der Anziehung kann Ihnen dabei helfen, dorthin zu gelangen.

B. Die Millionärsmentalität

Die Millionaire-Denkweise bezieht sich auf die Überzeugungen, Einstellungen und Gewohnheiten, die bei erfolgreichen und wohlhabenden Menschen üblich sind. Diese Menschen denken und handeln anders als der Durchschnittsmensch und gehen mit einzigartigen Prinzipien und Strategien an Leben und Geschäft heran.

Eines der Schlüsselelemente der Millionärsmentalität ist die Konzentration auf Fülle und Positivität. Millionäre glauben, dass es immer genug gibt, und sie gehen das Leben mit einem Gefühl von Fülle und Dankbarkeit an. Sie haben auch eine Wachstumsmentalität, was bedeutet, dass sie glauben, dass sie immer lernen und wachsen können und dass ihr Erfolg nicht durch ihre aktuellen Umstände oder Fähigkeiten eingeschränkt wird.

Ein weiterer wichtiger Aspekt der Millionärsmentalität ist ein ausgeprägtes Selbstbewusstsein und persönliche Verantwortung. Millionäre übernehmen die Verantwortung für ihr Leben und ihre Ergebnisse und haben keine Angst davor, Risiken einzugehen und ihren Leidenschaften nachzugehen. Sie sind außerdem belastbar und wissen, wie man Rückschläge und Herausforderungen mit Entschlossenheit und Beharrlichkeit meistert.

Zusätzlich zu diesen Schlüsselmerkmalen verfügen Millionäre auch über spezifische Gewohnheiten und Routinen, die ihnen helfen, ihren Erfolg aufrechtzuerhalten. Dazu können Dinge wie regelmäßige Bewegung, Meditation, Zielsetzung sowie kontinuierliches Lernen und Wachstum gehören.

Wenn Sie sich die Denkweise eines Millionärs aneignen, können Sie anfangen, wie ein erfolgreicher, wohlhabender Mensch zu denken und zu handeln. Dies wird Ihnen nicht nur dabei helfen, mehr Fülle und Wohlstand in Ihr Leben zu bringen, sondern auch dabei, ein erfüllteres und bedeutungsvolleres Leben zu führen. Wenn Sie also Millionär werden möchten, besteht der erste Schritt darin, sich die Denkweise eines Millionärs anzueignen.

C. Verwirklichen Sie Ihre Träume: Biancas Reise zum Gewinn eines Autos

Hier ist die Geschichte von Bianca, einer ihrer nahen Verwandten. Sie lebt in Mumbai und war mit ihrem Mann und ihrem Sohn in ihr Ferienhaus, einen Bungalow in Lonavala, einer malerischen Bergstation am Rande der Stadt, gezogen. Eines Tages, als ihr Mann gerade unterwegs war, erhielt sie einen unerwarteten Anruf von einem Vertreter eines Shopping-TV-Senders. Der Anrufer teilte ihr mit, dass sie ein Auto von Tata Motors, einem der führenden Automobilhersteller Indiens, gewonnen habe. Bianca war überglücklich und konnte ihr Glück kaum fassen. Der Anrufer fragte sie nach ihren Bankkontodaten, damit sie das Preisgeld von 1,2 Millionen INR überweisen könne, wenn sie dieses anstelle des Autos bevorzuge.

Bianca zögerte, ihre Bankkontodaten einem Fremden mitzuteilen, da ihr Mann sie immer vor solchen Anrufen gewarnt hatte. Sie bat den Anrufer, zehn Minuten zu warten, bis ihr Mann nach Hause zurückkäme, und ihnen dann ihre

Kontodaten mitzuteilen. Der Anrufer stimmte zu und versprach, in zehn Minuten zurückzurufen.

Bianca konnte ihre Aufregung kaum unterdrücken und rief sofort ihren Mann an, um ihm die unglaubliche Neuigkeit mitzuteilen. Als er nach Hause zurückkehrte, erzählte sie ihm alles und beide begannen zu planen, wie sie das Preisgeld verwenden würden. Ihr Mann warnte sie jedoch davor, dass es sich bei dem Anruf wahrscheinlich um einen Betrug handele und sie sich nicht zu große Hoffnungen machen dürfe. Sie lehnte seinen Verdacht zunächst ab, da der Anrufer genaue Angaben zu ihrem Einkauf beim Shopping-Kanal gemacht hatte.

Dennoch rief Bianca sicherheitshalber den TV-Shopping-Sender an, um die Behauptungen des Anrufers zu überprüfen. Zu ihrer Bestürzung erfuhr sie, dass es sich bei dem Anruf tatsächlich um einen Betrug handelte. Der Sender führte zu dieser Zeit eine Werbeaktion durch und der Hauptpreis war ein Roller, kein Auto. Darüber hinaus erhielt der Gewinner des Rollers diesen persönlich im Live-Fernsehen, um zu beweisen, dass die Aktion echt war.

Nach dieser Erfahrung dachte Bianca, dass ihre Chancen, ein Auto zu gewinnen, gleich Null seien, gab aber in ihrem Herzen nie auf. Sie träumte schon lange davon, ein brandneues Auto zu besitzen. Sie visualisierte jedes Detail, vom Geruch eines neuen Autos über das Gefühl, es jeden Tag zu fahren, bis hin zur Arbeit und zum Einkaufen und überall. Sie verbrachte oft Zeit damit, sich vorzustellen, wie sie Auto fuhr, den Wind in ihren Haaren und die Freude in ihrem Herzen spürte. Und von dem Gefühl, kostenlos ein neues Auto zu gewinnen, konnte sie bisher nur träumen.

Sie wollte schon immer einen Mahindra XUV 500 besitzen. Also sparte sie ihr Geld und kaufte sich schließlich einen. Während sie über das Zubehör verhandelte, zeigte ihr der Vertriebsmitarbeiter einen Wettbewerb, an dem sie sich online bewerben konnte, nachdem sie das Auto gekauft hatte, als sie mit Hilfe ihres Sohnes nach Hause zurückkehrte.

Drei Monate später erhielt sie einen Anruf, der ihr Leben verändern sollte. Es stammte vom Handelsvertreter des Autohauses, mit dem sie verhandelten. Er teilte ihr mit, dass sie den ersten Preis in einem vom Unternehmen gesponserten Wettbewerb gewonnen hatte und der Preis ein brandneuer Mahindra KUV 100 war!

Bianca war zunächst skeptisch, aber der Verkäufer schickte ihr eine E-Mail mit der Bestätigung ihres Gewinns und sie war hocherfreut, als sie erfuhr, dass sie tatsächlich ein Auto gewonnen hatte. Das Auto war ein Mahindra KUV 100 und ein kompakter SUV, perfekt für sie und ihren Sohn, während der größere XUV 500 von ihrem Mann genutzt werden kann. Obwohl sie noch Steuern zahlen mussten, war das Auto kostenlos.

Als sie bei einem vom Unternehmen gesponserten Wettbewerb schließlich ein Auto gewann, war sie überglücklich und dankbar. Ihr Traum war endlich wahr geworden und sie wusste, dass ihre positive Ausstrahlung und ihr Glaube an die Fähigkeit des Universums, ihre Wünsche zu verwirklichen, eine wichtige Rolle bei ihrem Sieg gespielt hatten. Es war eine Erinnerung daran, dass die Kraft des positiven Denkens alles möglich machen kann.

Bianca führte ihr Glück auf das Gesetz der Anziehung zurück. Sie glaubte, dass ihre positive Ausstrahlung und ihre Begeisterung über den Gewinn eines Autos eine Botschaft an das Universum gesendet hatten, die sich in der Form manifestiert hatte, dass sie das Auto gewonnen hatte. Sie erzählte vielen Menschen ihre Geschichte, und einige von ihnen folgten ihrem Beispiel des positiven Denkens und erlebten ähnliches Glück.

Zusammenfassend lässt sich sagen, dass uns Biancas Geschichte lehrt, vorsichtig zu sein, wenn wir unerwünschte Anrufe von Fremden erhalten, die behaupten, uns Preise oder Vorteile anzubieten. Es zeigt uns jedoch auch die Kraft des positiven Denkens und des Glaubens an die Fähigkeit des Universums, unsere Wünsche zu manifestieren.

Kapitel 2. Die Kraft der Gedanken verstehen

Die Wissenschaft der Anziehung: Die Wissenschaft hinter dem Gesetz der Anziehung verstehen

Das Gesetz der Anziehung wird oft als spirituelles oder philosophisches Konzept angesehen, aber es gibt tatsächlich eine wissenschaftliche Grundlage für seine Funktionsweise. In den letzten Jahren hat das Gebiet der Quantenphysik neue Erkenntnisse darüber geliefert, wie das Universum und unser Geist interagieren, und dies hat dazu beigetragen, die Prinzipien des Gesetzes der Anziehung zu bestätigen.

Eines der Schlüsselprinzipien der Quantenphysik ist, dass alles im Universum aus Energie besteht. Dazu gehören unsere Gedanken, Emotionen und sogar physische Objekte. Laut Quantenphysik senden unsere Gedanken und Emotionen eine Schwingung oder Frequenz aus, die die physische Welt um uns herum beeinflussen kann.

Das Gesetz der Anziehung funktioniert, indem es unsere Gedanken und Gefühle mit ähnlichen Schwingungen oder Frequenzen im Universum in Einklang bringt. Dies wird als Resonanzprinzip bezeichnet. Wenn wir unsere Gedanken und Gefühle auf Fülle, Positivität und Erfolg konzentrieren, senden wir eine hochfrequente Schwingung aus, die mehr davon in unser Leben zieht.

Neben dem Prinzip der Resonanz unterstützt die Quantenphysik auch das Konzept der Verschränkung. Dieses Prinzip besagt, dass alles im Universum miteinander verbunden ist und dass unsere Gedanken und Gefühle nicht nur unsere eigenen Erfahrungen, sondern auch die Erfahrungen anderer beeinflussen können.

Die Wissenschaft hinter dem Gesetz der Anziehung steckt noch in den Kinderschuhen und es gibt noch viel zu lernen. Die vorhandenen Forschungsergebnisse liefern jedoch starke Beweise dafür, dass unsere Gedanken und Emotionen einen echten und messbaren Einfluss auf unser Leben haben.

Die Kraft der Gedanken und Gefühle

Einer der wichtigsten Aspekte des Gesetzes der Anziehung ist die Rolle, die unsere Gedanken und Gefühle bei der Gestaltung unserer Realität spielen. Unsere Gedanken und Emotionen erzeugen eine Schwingung oder Frequenz, die Erfahrungen und Situationen anzieht, die dieser Frequenz entsprechen.

Wenn Sie beispielsweise ständig über Mangel und Knappheit nachdenken, werden Sie mehr davon in Ihr Leben ziehen. Wenn Sie andererseits Ihre Gedanken und Gefühle auf Fülle und Wohlstand konzentrieren, werden Sie mehr davon in Ihr Leben ziehen.

Es ist wichtig zu beachten, dass das Gesetz der Anziehung kein Wundermittel ist und nicht alle Ihre Probleme sofort lösen wird. Indem Sie jedoch Ihre Gedanken und Gefühle ändern, können Sie beginnen, Ihre Energie und Schwingung zu verändern, und dies kann Ihnen helfen, mehr von dem, was Sie wollen, in Ihr Leben zu ziehen.

C. Die Rolle der Visualisierung

Visualisierung ist eines der wirkungsvollsten Werkzeuge, um das Gesetz der Anziehung in Ihrem Leben anzuwenden. Bei der Visualisierung geht es darum, sich im Kopf ein Bild von dem zu machen, was man erleben oder erreichen möchte, und sich dann auf dieses Bild zu konzentrieren, als ob es bereits real wäre.

Indem Sie visualisieren, was Sie wollen, aktivieren Sie die Kraft Ihres Geistes und Ihrer Emotionen und beginnen, Erfahrungen und Situationen anzuziehen, die Ihrer Vision entsprechen. Visualisierung hilft Ihnen auch, Ihre Gedanken und Emotionen auf Fülle und Erfolg zu konzentrieren, was Ihnen dabei helfen kann, einschränkende Glaubenssätze und negative Gedankenmuster zu überwinden.

Es gibt viele verschiedene Visualisierungstechniken, und Sie werden möglicherweise feststellen, dass eine Technik für Sie besser funktioniert als eine andere. Zu den gängigen Techniken gehören das Erstellen eines Vision Boards, die Verwendung von Affirmationen und das Aufschreiben Ihrer Ziele.

Neben der Visualisierung ist es auch wichtig, körperliche Maßnahmen zu ergreifen, die Ihren Zielen entsprechen. Das Gesetz der Anziehung ist kein passiver Prozess und erfordert, dass Sie Maßnahmen ergreifen, um Ergebnisse zu sehen. Durch die Kombination von Visualisierung und körperlicher Aktion können Sie jedoch einen kraftvollen und synergetischen Effekt erzielen, der Ihnen dabei helfen kann, Ihre Ziele schneller und effektiver zu erreichen.

Im nächsten Abschnitt werden wir einige der spezifischen Werkzeuge und Techniken untersuchen, mit denen Sie das Gesetz der Anziehung in Ihrem Leben anwenden und mehr Fülle und Erfolg anziehen können.

D. Meinen amerikanischen Traum manifestieren: Die Macht des Gesetzes der Anziehung, die mich in das Land der Möglichkeiten bringt.

Wir sind vier Geschwister – meine ältere Schwester, ich selbst, meine jüngere Schwester und unsere jüngste Schwester. Unsere Familie war aus Mumbai ausgezogen und wohnte etwa ein Jahr lang in einem Ort namens Valsad bei meinem Onkel, dem Haus des älteren Bruders meines Vaters. Mein Vater suchte nach einer Geschäftsmöglichkeit, indem er seine Ersparnisse aus Mumbai nutzte. Nachdem er ein Unternehmen in Surat gekauft hatte, waren wir alle bereit, dorthin zu ziehen. Meine ältere Schwester hing jedoch so sehr an meiner Tante, der Frau meines Onkels, dass sie beschloss, in Valsad zu bleiben und nicht mit uns nach Surat zu ziehen. Trotz der anfänglichen Bedenken meiner Eltern stimmten sie zu, sie bei unserer Tante bleiben zu lassen, bis wir uns in der neuen Stadt niedergelassen hatten. Sie versicherten ihr, dass sie zurückkommen oder dafür sorgen würden, dass sie später nach Surat gebracht wird. Sie wussten nicht, dass sie bis zu ihrem Erwachsenenalter im Haus meines Onkels in Valsad aufwachsen würde. Aber dazu später mehr.

Wir zogen nach Surat und begannen dort unser neues Leben. Es war eine kleine Mietwohnung mit nur zwei Zimmern – eines diente als Küche und das andere als Wohn- und Schlafzimmer. Obwohl der Platz begrenzt war, waren wir zufrieden und glücklich in unserem neuen Zuhause. Unsere Gemeinde war voller Kinder, und nach der Schule trafen wir uns alle auf dem Gelände, um zu spielen und Spaß zu haben.

Allerdings musste mein Vater bei seinen Geschäftsvorhaben mehrere Misserfolge hinnehmen und war stets um den Erfolg seines Unternehmens besorgt. Wenn ich jetzt zurückblicke, verstehe ich, dass seine ständige Angst und negative Einstellung die Gründe für die meisten seiner geschäftlichen Misserfolge waren. Wie ich später im Leben erfuhr, haben unsere Gedanken, Überzeugungen und Gefühle die Macht, unsere Realität zu formen, und die pessimistische Einstellung meiner Eltern brachte noch mehr Schwierigkeiten in ihr Leben. Finanzielle Probleme waren bis zum Tod meines Vaters ein ständiger Teil unseres Lebens.

Nach dem Tod meines Vaters fand meine Mutter Trost in der Gesellschaft ihrer älteren Schwester, meiner Tante Jyoti Masi, die eine völlig andere Einstellung hatte. Ihre positive Einstellung und Lebenseinstellung begann langsam, meine Mutter zu beeinflussen, und sie begann, ihre Sicht auf Geld, Erfolg und Glück zu ändern. Als meine Tante Jyoti Masi einige Jahre später verstarb, hinterließ sie meiner Mutter ein beträchtliches Erbe, darunter zwei Häuser in Mumbai, einer der teuersten Städte Indiens. Sie hinterließ auch Investitionen, Aktien, Schmuck und andere Besitztümer, die meiner Mutter finanziellen Trost brachten. Es war ein Wendepunkt für sie und sie begann, die Konzepte des Gesetzes der Anziehung anzunehmen, die meine Geschwister und ich mit ihr geteilt hatten. Als meine Mutter vor ein paar Jahren verstarb, hinterließ sie ein Vermächtnis finanziellen Überflusses, und das alles aufgrund ihres neuen Verständnisses für die Macht von Gedanken, Überzeugungen und Gefühlen.

Ich selbst hatte einige Probleme, als ich wegen der Arbeit von zu Hause auszog. Doch erst durch die Prinzipien des Gesetzes der Anziehung konnte ich mein Leben völlig verändern.

Eines der bedeutsamsten Ereignisse war, als ich mir vornahm, nach Amerika zu kommen. Dank der Hollywood-Filme, die ich als Kind gesehen hatte, waren die Vereinigten Staaten schon immer ein Land der Träume für mich. Die Städte in den USA schienen so schön zu sein, mit ihren hohen

Gebäuden, schicken Autos, sauberen Straßen und kreuz und quer verlaufenden Überführungen. Die Hollywoodstars waren in meinen Augen überlebensgroß, mit ihren hübschen Jungs, hübschen Mädchen und spannenden Actionszenen. Besonders angetan haben mich Actionfilme von Hollywood-Stars und auch James-Bond-Filme. Ob britische oder Hollywood-Produktionen – für mich als Kind waren sie alle gleich. Je älter ich wurde, desto stärker wurde in mir der Wunsch, nach Amerika zu kommen.

In meiner Heimatstadt Surat traf ich einen Freund, der kürzlich für ein höheres Studium in die USA gezogen war. Er teilte seine Erfahrungen und ich war noch mehr fasziniert von den Chancen und Möglichkeiten, die die USA boten. Ich begann mir vorzustellen, in Amerika zu leben, in einem Hochhaus zu arbeiten und die amerikanische Lebensart zu erkunden. Ich las Bücher über persönliche Entwicklung, Denkweise und das Gesetz der Anziehung und begann, diese Prinzipien in meinem täglichen Leben anzuwenden.

Ich begann, klare Ziele zu setzen, Vision Boards zu erstellen und inspirierte Maßnahmen zu ergreifen, um meinen Traum, in die USA zu ziehen, zu verwirklichen. Trotz zahlreicher Herausforderungen und Rückschläge blieb ich konzentriert und beharrlich bei der Verfolgung meines amerikanischen Traums.

Ich und mein bester Freund Brad waren die Pioniere in Surat, Indien, die sich als Microsoft Certified Systems

Engineers (MCSE) zertifizieren ließen. Es war ein bedeutender Erfolg und erregte in unserer Gemeinde große Aufmerksamkeit. Ich war begeistert, eine so prestigeträchtige Zertifizierung erhalten zu haben, und sie eröffnete mir neue Möglichkeiten.

Anschließend zog ich nach Mumbai, wo ich als Dozent an zwei verschiedenen Institutionen MCSE zu unterrichten begann. Es hat mir großen Spaß gemacht, mein Wissen und meine Fähigkeiten mit eifrigen Studenten zu teilen, die sich im IT-Bereich hervortun wollten. Ich strebte jedoch nach mehr und wollte verschiedene Wege erkunden, um meine Karriere voranzutreiben.

Das Glück war auf meiner Seite, als ich während der Dotcom-Boom-Ära eine Festanstellung bei einem Unternehmen namens eindia.com bekam. Das Unternehmen entwickelte und förderte ein Portal und mir wurde die Verantwortung für die Verwaltung seiner IT-Infrastruktur übertragen. Ich richte unter anderem Server ein, konfiguriere Router, verwalte E-Mail-Server, Datenbanken und Webserver. Es war eine herausfordernde und zugleich lohnende Erfahrung, und ich war stolz auf den Einfluss, den ich bei der Gestaltung der Technologielandschaft des Unternehmens hatte.

In der Zwischenzeit war es meinem Freund Brad gelungen, ein US-Touristenvisum zu erhalten, das auf dem Textilgeschäft seiner Familie in Surat beruhte. Er erstellte die notwendigen Unterlagen, um seinen Status als Geschäftsmann nachzuweisen, und machte sich bald auf den Weg in die Vereinigten Staaten. Leider hatte ich nicht genügend Unterlagen für meinen Visumsantrag und mein Traum von den USA wurde auf Eis gelegt.

Da ich mich nicht entmutigen ließ, zog ich nach Bangalore und sicherte mir einen Job als Netzwerk- und Systemadministrator für ein kleines Dotcom-Startup namens QMAGS.com. Das Unternehmen spezialisierte sich auf die Erstellung von durchsuchbaren PDF-Magazinen, die online abonniert werden konnten. Ich war für die Einrichtung der gesamten IT-Infrastruktur verantwortlich, von der Konfiguration der Standleitungsrouter bis hin zur Verwaltung von Microsoft Exchange-Servern für E-Mails, MS SQL-Servern für Datenbanken und IIS-Webservern zum Hosten interner Websites. Meine Arbeit wurde gut angenommen und das Unternehmen schickte mich für einen Monat in sein Büro in Hongkong, um dort ebenfalls Server einzurichten.

Hongkong war für mich eine ganz neue Welt. Es fühlte sich an, als würde ich eine Szene aus den Hollywood-Filmen betreten, die ich gesehen hatte, mit ihren atemberaubenden Gebäuden, eleganten Autos und gut ausgebauten Straßen. Allerdings wurde mir schnell klar, dass die Sprache ein Hindernis darstellen könnte, da die meisten Menschen auf der Straße kein Englisch sprachen. Dennoch habe ich die Erfahrung angenommen und meine Arbeit erfolgreich abgeschlossen.

Nach meiner Rückkehr ins Büro in Bangalore war ich begeistert, als das Unternehmen mir die Möglichkeit bot, in die USA zu reisen, um dort seine Server in einem Rechenzentrum einzurichten. Es fühlte sich an, als wäre ein Traum wahr geworden, und ich nahm die Gelegenheit eifrig an. Ich traf alle notwendigen Vorkehrungen, packte meine Koffer und trat voller Aufregung und Vorfreude meine Reise in die Vereinigten Staaten an. Es war ein bedeutender Meilenstein in meiner Karriere und ich war entschlossen, diese Gelegenheit optimal zu nutzen, um mich beruflich weiterzuentwickeln und meinen amerikanischen Traum zu erfüllen.

Meine Reise in die Vereinigten Staaten begann mit einem Geschäftsvisum, das einen Monat gültig war. Ich übernachtete in einem komfortablen Motel namens Comfort Inn, das günstig gelegen war, nur einen kurzen Spaziergang vom Arbeitsplatz entfernt, an dem unser Unternehmen einen Berater engagiert hatte, der an der Software-, Hardware- und Netzwerkeinrichtung arbeitete. Gemeinsam haben wir unermüdlich daran gearbeitet, Server in einem riesigen Rechenzentrum namens Exodus südlich der Bay Area einzurichten. Es war das erste Mal, dass ich Zeuge eines so großen Rechenzentrums wurde, und es war eine beeindruckende Erfahrung.

Nachdem ich die Server erfolgreich eingerichtet und die Website in Betrieb genommen hatte, kehrte ich nach

Bangalore zurück in der Hoffnung, eine weitere Gelegenheit zu einer Reise in die USA zu bekommen. Diese Gelegenheit kam jedoch nie. Stattdessen erhielt ich ein Stellenangebot von GE Capital in Hyderabad, das ich annahm. Ich bin dorthin gezogen und habe schließlich geheiratet. Meine Frau und ich beantragten dann beim US-Konsulat ein Touristenvisum mit dem Plan, die USA für einen Urlaub zu besuchen. Zum Glück bekamen wir das Visum und freuten uns gespannt auf unsere Reise.

Ein Jahr nach unserer Hochzeit erhielt ich einen Anruf von einem meiner Mitbewohner aus Bangalore, der mir mitteilte, dass er Indien besucht und sich treffen möchte. Er wohnte in unserer alten Wohnung in Bangalore, wo noch einige unserer alten Freunde lebten. Also fuhr ich mit meiner Frau nach Bangalore, um ihn zu treffen. Während unseres Wiedersehens erzählte mir mein Freund, dass er ein Unternehmen in den USA habe und bot mir einen Job an. Fasziniert dachte ich über die Gelegenheit nach. Allerdings erwartete meine Frau unser Kind, und bei uns war es Tradition, dass die Frau zur Entbindung immer zu ihrer Mutter geht, also habe ich sie dort abgesetzt und bin mit meiner Freundin Vicky in die USA geflogen.

Als ich in den USA ankam, erlebte ich einen Rückschlag, als mir mitgeteilt wurde, dass ich offiziell kein Arbeitsvisum bekommen könne, aber inoffiziell in ihrem Lager arbeiten, Waren kommissionieren und ausliefern könne. Unsicher, was ich tun sollte, besprach ich meine missliche Lage mit meiner Freundin Vicky. Am Wochenende nahmen wir an einer Dinnerparty teil, die Vickys Freund Aaron bei sich zu Hause veranstaltete. Während unseres Gesprächs teilte ich Aaron meine Situation mit, der erwähnte, dass er jemanden kenne, der ein IT-Unternehmen besitze und mir möglicherweise einen Job mit einem H1B-Visum anbieten könnte. Fasziniert stimmte ich zu, diese Person namens Carl (nicht richtiger Name) zu treffen, die mir tatsächlich einen Job als Windows-Administrator anbot und mein H1B-Visum beantragte, das schließlich genehmigt wurde.

Ich arbeitete einige Monate für Carl, bevor ich ein weiteres Stellenangebot von einem Unternehmen erhielt, das David gehörte. Ich entschloss mich, das Angebot anzunehmen und trat dem neuen Unternehmen bei. Inzwischen hatte meine Frau ein kleines Mädchen zur Welt gebracht und wollte nicht in die USA reisen, als das Baby noch zu klein war. Also zogen meine Frau und meine Tochter nach einem Jahr zu mir in die USA und wir zogen in eine Wohnung in Edison, New Jersey. Dann erhielt ich ein neues Stellenangebot von einem Unternehmen, das Abby gehörte, der für seine Freundlichkeit bekannt war. Ich habe das Angebot angenommen und sogar eine leichte Gehaltserhöhung erhalten. Und das war der Beginn meines neuen Lebens in den USA.

Eines Tages, als ich in einer meiner alten Taschen kramte, stieß ich auf einen vergessenen Schatz – ein Taschentagebuch von vor Jahren. Als ich die Seiten durchblätterte, stieß ich auf etwas, das meine Aufmerksamkeit erregte. Es war ein Wunsch, den ich schon vor langer Zeit aufgeschrieben hatte – der Wunsch, in die USA zu gehen und sich dort niederzulassen. In diesem Moment wurde es mir klar – mein Wunsch war in Erfüllung gegangen. Das Universum hatte meiner Bitte entsprochen, und ich hatte es nicht einmal bemerkt.

Als ich über mein Leben nachdachte, wurde mir klar, dass alle Ereignisse und Umstände, die sich abgespielt hatten, mich genau zu diesem Moment führten. Ich war so in der Hektik des Alltags gefangen, dass ich vergessen hatte, die kleinen Dinge zu schätzen, die ich einst in Indien schätzte. Die sauberen Straßen, die schönen Autos – ich fuhr damals einen Minivan, was mir jetzt so gewöhnlich vorkam, aber in Indien hätte man ihn mit seinen automatischen Türen, elektrischen Fensterhebern, automatischer Scheinwerferabschaltung und Automatik als Luxus angesehen Dimmer im Rückspiegel und Ledersitze. Ich lebte den Traum, den ich mir gewünscht hatte, und ich hatte ihn noch nicht einmal verwirklicht.

Ich schaute mich um und sah noch so viel mehr, das ich zu schätzen wusste. Es schneite vor meinem Fenster und es war ein Anblick, den ich in Indien noch nie gesehen hatte. Obwohl es in Indien ein paar Orte gibt, an denen es schneit, wie zum Beispiel Kaschmir, hatte ich nie die Gelegenheit, es aus erster Hand zu erleben. Aber hier war ich und staunte über die Schönheit des Schneefalls. Ich hatte eine liebevolle Frau, eine süße Tochter, einen Job und war glücklich. Ich dankte Gott für alles, womit ich in meinem neuen Zuhause gesegnet wurde.

Es war ein demütigender Moment für mich, als mir klar wurde, dass mein Wunsch im Universum verankert war und die ganze Zeit über seine Magie entfaltet hatte. Es ließ mich innehalten und die Reise schätzen, die mich dorthin gebracht hatte, wo ich war. Ich habe geschworen, jeden Moment, ob groß oder klein, zu schätzen und niemals etwas als selbstverständlich zu betrachten. Mein Leben in den USA war wirklich ein wahrgewordener Traum und ich war dankbar für die Möglichkeiten und Segnungen, die sich mir boten. Ich habe gelernt, über die Herausforderungen und Nöte hinauszuschauen und die Schönheit der alltäglichen Momente zu erkennen, denn sie waren es, die mein Leben wirklich magisch machten. Mit einem Herzen voller Dankbarkeit nahm ich mein Leben in den USA als mein eigenes kleines Stück Himmel auf Erden an.

Der Umzug nach Amerika war nicht einfach. Ich war mit kulturellen Unterschieden, Sprachbarrieren und Heimweh konfrontiert. Ich blieb jedoch meinen Zielen treu und wandte weiterhin die Prinzipien des Gesetzes der Anziehung in meinem täglichen Leben an. Ich blieb positiv, umgab mich mit Gleichgesinnten und arbeitete fleißig auf meine akademischen und beruflichen Ziele hin.

Mit der Zeit fand ich Erfolg in meiner Karriere. Ich bekam einen Job bei einem renommierten Unternehmen und erhielt schließlich eine dauerhafte Aufenthaltserlaubnis in den USA.

Rückblickend wurde mir klar, dass die Kraft der Gedanken, Überzeugungen und Gefühle eine wichtige Rolle bei der Veränderung meines Lebens gespielt hatte. Das Gesetz der Anziehung hatte mir geholfen, meinen Traum vom Leben in Amerika zu verwirklichen, und es war zu einem grundlegenden Bestandteil meiner Denkweise und meines Lebensstils geworden.

Meine ältere Schwester kam schließlich nach Abschluss ihrer Ausbildung zu uns nach Surat. Auch sie hatte sich die Prinzipien des Gesetzes der Anziehung zu eigen gemacht und in ihrer Karriere als erfolgreiche Unternehmerin Erfolg gehabt. Sie sprach oft darüber, wie ihre positive Einstellung und Einstellung ihr geholfen hätten, Herausforderungen zu meistern und ihre Ziele zu erreichen.

Heute ist unsere Familie über verschiedene Teile der Welt verteilt, verfolgt unsere Träume und führt ein erfülltes Leben. Wir verdanken unseren Erfolg dem Verständnis und der Anwendung des Gesetzes der Anziehung, das unser Leben vom Kampf zum Erfolg verändert hat.

Zusammenfassend lässt sich sagen, dass die Reise unserer Familie ein Beweis für die Kraft von Gedanken, Überzeugungen und Gefühlen bei der Gestaltung unserer Realität war. Trotz Herausforderungen und Rückschlägen haben wir gelernt, das

Gesetz der Anziehung zu nutzen, um unsere Träume zu verwirklichen und das Leben zu schaffen, das wir uns gewünscht haben. Es war eine unglaubliche Reise des persönlichen Wachstums, der Widerstandskraft und des Überflusses, und wir sind dankbar für die lebensverändernde Wirkung des Gesetzes der Anziehung in unserem Leben.

Kapitel 3. Wie Sie Ihrem Gehirn beibringen, wie ein Millionär zu denken

A. Begrenzende Überzeugungen erkennen und ändern

Einer der ersten Schritte, um Ihr Gehirn darauf zu trainieren, wie ein Millionär zu denken, besteht darin, alle einschränkenden Überzeugungen zu erkennen und zu ändern, die Sie möglicherweise zurückhalten. Einschränkende Überzeugungen sind negative Gedankenmuster, die Sie daran hindern, Ihre Ziele zu erreichen und Ihr volles Potenzial auszuschöpfen.

Beispiele für einschränkende Überzeugungen sind die Überzeugung, dass Geld knapp oder schwer zu bekommen ist, oder die Überzeugung, dass man nicht schlau genug oder fähig genug ist, um erfolgreich zu sein. Diese Überzeugungen können tief verwurzelt sein und schwer zu ändern sein.

Allerdings ist es unerlässlich, Ihre einschränkenden Glaubenssätze zu ändern, wenn Sie Ihr Gehirn trainieren möchten, wie ein Millionär zu denken. Das Gesetz der Anziehung basiert auf dem Prinzip, dass Sie das anziehen, worauf Sie sich konzentrieren. Wenn Sie sich also auf

Knappheit und Mangel konzentrieren, werden Sie diese Erfahrungen weiterhin in Ihr Leben ziehen.

Um Ihre einschränkenden Überzeugungen zu ändern, müssen Sie sich zunächst Ihrer Gedanken und Gefühle bewusst werden. Achten Sie den ganzen Tag über auf Ihre Gedanken und Gefühle und schreiben Sie alle negativen oder einschränkenden Gedanken auf, die Ihnen in den Sinn kommen.

Untersuchen Sie als Nächstes jeden einschränkenden Glaubenssatz und fragen Sie sich, ob er Ihnen wirklich dient. Wenn nicht, ersetzen Sie es durch einen positiven, stärkenden Glauben, der Ihre Ziele und Ihre Vision von Fülle und Erfolg unterstützt. Anstatt beispielsweise zu glauben, dass Geld schwer zu bekommen ist, können Sie glauben, dass es immer Möglichkeiten für Überfluss gibt und dass Sie über die Fähigkeiten und Fertigkeiten verfügen, Wohlstand in Ihr Leben zu bringen.

B. Entwicklung einer Wachstumsmentalität

Um Ihr Gehirn darauf zu trainieren, wie ein Millionär zu denken, ist es auch wichtig, eine Wachstumsmentalität zu entwickeln. Eine Wachstumsmentalität ist eine Denkweise, die Herausforderungen annimmt und Misserfolge als Chance für Wachstum und Lernen sieht.

Menschen mit einer Wachstumsmentalität glauben, dass ihre Fähigkeiten und Intelligenz durch harte Arbeit und Ausdauer entwickelt werden können. Sie haben keine Angst vor Herausforderungen und sehen Misserfolge als Sprungbrett zum Erfolg.

Menschen mit einer festen Denkweise hingegen glauben, dass ihre Fähigkeiten und ihre Intelligenz in Stein gemeißelt sind und nicht geändert werden können. Sie haben oft Angst vor Herausforderungen und betrachten Scheitern als Ausdruck ihres angeborenen Mangels an Talent oder Intelligenz.

Um eine Wachstumsmentalität zu entwickeln, konzentrieren Sie sich auf Ihre Bemühungen und Fortschritte und nicht auf Ihre Ergebnisse. Feiern Sie Ihre kleinen Erfolge und sehen Sie Herausforderungen und Misserfolge als Chancen zum Lernen und Wachsen. Nehmen Sie neue Erfahrungen und Veränderungen an und denken Sie daran, dass Ihre Fähigkeiten und Ihre Intelligenz nicht festgelegt sind, sondern mit Zeit und Mühe entwickelt und gestärkt werden können.

C. Eine positive Geisteshaltung kultivieren

Eine positive Geisteshaltung ist ein weiterer wichtiger Bestandteil des Denkens wie ein Millionär. Millionäre sind in der Regel optimistisch und haben eine positive

Lebenseinstellung, selbst angesichts von Herausforderungen und Rückschlägen.

Um eine positive Geisteshaltung zu entwickeln, konzentrieren Sie sich auf die positiven Aspekte Ihres Lebens und Ihrer Erfahrungen. Suchen Sie in jeder Situation nach dem Guten und üben Sie Dankbarkeit, indem Sie Wertschätzung für das zum Ausdruck bringen, was Sie haben. Umgeben Sie sich mit positiven und unterstützenden Menschen und vermeiden Sie negative oder toxische Beziehungen.

Führen Sie außerdem positive Selbstgespräche und vermeiden Sie negative Selbstkritik. Seien Sie freundlich und mitfühlend zu sich selbst und konzentrieren Sie sich auf Ihre Stärken und Erfolge statt auf Ihre Schwächen und Misserfolge.

Üben Sie abschließend Achtsamkeit und Meditation, um eine positive Geisteshaltung zu bewahren und Stress und Ängste abzubauen. Achtsamkeit und Meditation können Ihnen helfen, Ihre Gedanken und Gefühle zu fokussieren und Ihr allgemeines Wohlbefinden und Glück zu steigern.

D. Ziele setzen und erreichen

Das Setzen und Erreichen von Zielen ist ein grundlegender Aspekt des Denkens wie ein Millionär. Die Fähigkeit, klare und erreichbare Ziele zu setzen, unterscheidet erfolgreiche Menschen von den anderen. Millionäre sind sehr zielorientiert und wissen, wie wichtig es ist, eine klare Vorstellung davon zu haben, was sie erreichen wollen. Sie träumen nicht nur von ihren Zielen; Sie unternehmen konkrete Schritte, um sie in die Realität umzusetzen.

Zunächst einmal ist das Setzen von Zielen der erste Schritt zum Erfolg. Es gibt Ihnen ein Gefühl für die Richtung und das Ziel und hilft Ihnen, Ihre Zeit und Energie für die Erreichung Ihrer Ziele zu priorisieren. Allerdings reicht es nicht aus, sich nur Ziele zu setzen. Um diese Ziele zu erreichen, benötigen Sie einen Aktionsplan. Millionäre verstehen das und erstellen einen Fahrplan, der die Schritte beschreibt, die sie unternehmen müssen, um ihr gewünschtes Ziel zu erreichen.

Ein weiteres entscheidendes Element beim Setzen und Erreichen von Zielen ist die Unterteilung in kleinere, besser überschaubare Meilensteine. Dies hilft dabei, den Fortschritt zu verfolgen und unterwegs motiviert zu bleiben. Das Setzen und Erreichen kurzfristiger Ziele kann ein Erfolgserlebnis vermitteln und Sie auf dem Weg zur Erreichung Ihrer langfristigen Ziele halten.

Darüber hinaus verstehen erfolgreiche Menschen, dass das Erreichen von Zielen Disziplin und Ausdauer erfordert. Es erfordert harte Arbeit, Konzentration und die Verpflichtung, alles zu tun, um erfolgreich zu sein. Sie lassen sich nicht von Rückschlägen oder Hindernissen von ihren Zielen abhalten, sondern nutzen sie stattdessen als Lerngelegenheit, um zu wachsen und sich zu verbessern. Sie sind bereit, zusätzliche Anstrengungen zu unternehmen und die Extrameile zu gehen, um die gewünschten Ergebnisse zu erzielen.

Schließlich erfordert das Erreichen von Zielen die Bereitschaft, Risiken einzugehen und die eigene Komfortzone zu verlassen. Millionäre verstehen, dass Erfolg nicht dadurch erreicht wird, dass man auf Nummer sicher geht, sondern dass man kalkulierte Risiken eingeht und mutige Schritte unternimmt. Sie haben keine Angst vor dem Scheitern und nutzen es als Lernmöglichkeit, um sich zu verbessern und gestärkt daraus hervorzugehen.

Zusammenfassend lässt sich sagen, dass das Setzen und Erreichen von Zielen ein grundlegender Aspekt des Denkens wie ein Millionär ist. Erfolgreiche Menschen wissen, wie wichtig es ist, eine klare Vision zu haben und einen Fahrplan zu erstellen, um ihre Ziele zu erreichen. Sie zerlegen ihre Ziele in kleinere Meilensteine und nutzen Rückschläge als Lerngelegenheiten. Sie sind bereit, Risiken einzugehen und ihre Komfortzone zu verlassen, und sie sind entschlossen, alles zu tun, um die gewünschten Ergebnisse zu erzielen. Durch die Übernahme dieser Prinzipien kann jeder wie ein Millionär denken und seine Lebensziele erreichen.

E. Die Kraft der Visualisierung: Wie ich meinen Traumjob bei Wells Fargo bekam – Geschichte von Alok Bajpai in seinen Worten.

Die folgende Geschichte wurde mir freundlicherweise von meinem geschätzten Kollegen und lieben Freund Alok Bajpai erzählt, der derzeit im pulsierenden Bundesstaat New Jersey lebt. Ich hatte das Vergnügen, in meinen ersten Tagen in den USA mit ihm zusammenzuarbeiten und hatte das Glück, in seinem Zuhause willkommen geheißen zu werden. Seine unerschütterliche Unterstützung und Führung während dieser prägenden Jahre hinterließen bei mir einen bleibenden Eindruck und wir haben eine starke Bindung aufrechterhalten, auch als ich durch mehrere Staaten gereist bin.

Im Laufe der Jahre, als ich tiefer in die Feinheiten des Gesetzes der Anziehung und der Spiritualität eintauchte, erwies sich Alok als unschätzbar wertvoller Vertrauter, der bereitwillig ein offenes Ohr für meine Überlegungen hatte und aufschlussreiche Perspektiven bot. Als sich Alok kürzlich in einer schwierigen finanziellen Situation befand, die Schulden wuchsen und keine Besserung in Sicht war, wandte er sich an mich und bat mich um Rat. Seine Frau hatte aufgrund der finanziellen Probleme ihres Unternehmens mehrere Monate lang keine Zahlung erhalten und sie brauchten dringend einen gut bezahlten Job, um ihnen die Zeit zu überbrücken.

Durch unsere täglichen Gespräche half ich ihm, eine positive Einstellung zu entwickeln und ermutigte ihn, sich klare, greifbare Ziele zu setzen. Gemeinsam stellten wir uns sein gewünschtes Ergebnis vor, wobei Alok sich vorstellte, dass er bereits über den hochbezahlten Job verfügte, den er suchte, komplett mit dem jährlichen Gehaltspaket, der Firma, den Kollegen und den Verantwortlichkeiten, die er sich gewünscht hatte. Ich gab ihm Hinweise zur Erstellung eines effektiven Lebenslaufs und schlug ihm Zertifizierungen vor, die er anstreben könnte, um seine Erfolgschancen zu erhöhen. Durch unsere Gespräche lernte Alok, seine Gedanken, Gefühle und Handlungen mit seiner Vision in Einklang zu bringen und so zu tun, als hätte er bereits den Job, nach dem er so verzweifelt gesucht hatte.

Das Endergebnis grenzte an ein Wunder. Alok bekam den gleichen Job, mit dem gleichen Gehaltspaket und in der gleichen Organisation, die er sich die ganze Zeit vorgestellt hatte. Seine Begeisterung war spürbar und er erzählte mir seine unglaubliche Geschichte in seinen eigenen Worten, die ich gerne an Sie weitergeben möchte.

„Heute ist es einen Monat her, seit ich als Projektmanager bei Wells Fargo angefangen habe, und ohne die Kraft der Visualisierung wäre das nicht möglich gewesen. Es ist eine Erinnerung daran, niemals zu unterschätzen, was Sie mit einer klaren Vision und Engagement erreichen können. Als ich mich zum ersten Mal für die Stelle beworben habe, habe ich mir die Zeit genommen, mir die Rolle

vorzustellen und mir vorzustellen, dass ich erfolgreich sein und einen positiven Einfluss auf das Team haben werde. Diese Praxis gab mir nicht nur die Motivation, den Job weiterzuverfolgen, sondern erlaubte mir auch, die Stelle mit einem klaren Verständnis dafür anzugehen, was ich erreichen wollte. Mit einer starken Vision vor Augen war ich in der Lage, mich voll und ganz der Aufgabe zu widmen und den nötigen Einsatz und die Energie zu investieren, um den Erfolg sicherzustellen. Wenn ich auf meinen ersten Monat zurückblicke, kann ich zuversichtlich sagen, dass meine Visualisierungspraxis eine entscheidende Rolle für meinen bisherigen Erfolg gespielt hat. Während ich diese Reise fortsetze, hoffe ich, dass meine Geschichte andere dazu inspirieren kann, die Kraft der Visualisierung und die Auswirkungen, die sie auf das Erreichen Ihrer Ziele haben kann, niemals zu unterschätzen.

Ich bin ein begeisterter Anhänger von Selbsthilfeliteratur, Zeitschriften und Büchern. Es ist eine großartige Möglichkeit, Aktivitäten zur persönlichen Weiterentwicklung durchzuführen und die beste Version Ihrer selbst zu werden.

Mein Leben hat sich für immer verändert, als ich bei einem Recyclingunternehmen auf „Think and Grow Rich" von Napoleon Hill stieß. Es ist erstaunlich, dass etwas, das zur Entsorgung gedacht war, für mich eine so bedeutungsvolle Reise auslösen konnte.

Wenn Sie in Indien Zeitungen und Zeitschriften haben, die Sie nicht mehr benötigen, aber nicht wegwerfen möchten, ist es eine gute Idee, sie zu recyceln. Sie können etwas Geld verdienen, indem Sie diese Artikel an jemanden verkaufen, der in Ihrer Nähe von Tür zu Tür *kommt. Es ist eine großartige Möglichkeit, der Umwelt zu helfen und gleichzeitig eine Gegenleistung zu erzielen.*

Inmitten des Stapels von Büchern, Zeitschriften und Altpapier, der in Indien auch als „Ruddy" bekannt ist, entdeckte ich das lebensverändernde Buch „Think and Grow Rich", eine Quelle nachhaltiger Inspiration. Obwohl dem Buch ein paar Seiten fehlten, erlaubte mir der Vater meines Freundes freundlicherweise, es Ruddy abzunehmen. Es war seine freundliche Geste, die mir klar machte, wie selbst etwas Kleines und scheinbar Unbedeutendes einen positiven Einfluss auf das Leben eines Menschen haben kann.

Seit ich angefangen habe, hat das Lesen mein Leben grundlegend verändert. Anfangs ließen mich Selbsthilfebücher oder auch allgemeine Bücher überhaupt nicht beeinflussen. Aber als ich anfing, sie in die Hand zu nehmen und zu lesen, veränderte sich mein Leben drastisch zum Besseren. Ich interessiere mich nicht nur für indische Schriften und lese meine Bücher, sondern nehme mir auch die Zeit, mich in viele Selbsthilfebücher zu vertiefen, die mir bei meiner persönlichen Entwicklung helfen könnten.

Als ich 1999 in den USA ankam, begann ich, meinen literarischen Horizont zu erweitern und verschiedene Bücher zu lesen. Ich bewundere und schaue zu Oprah, Dr. Deepak Chopra und dem verstorbenen Dr. Wayne Dyer für all die wunderbaren Beiträge, die sie für die Gesellschaft geleistet haben. Ihre Bücher haben unzähligen Menschen auf ihrem Weg der Selbstfindung und Erleuchtung geholfen, und ich bin zutiefst dankbar für all ihre harte Arbeit. Oprah, Deepak Chopra und der verstorbene Dr. Wayne Dyer haben alle einen großen Beitrag zur Welt des persönlichen Wachstums und der

Spiritualität geleistet. Ihre Worte haben Millionen von Menschen inspiriert und ihnen Orientierung und Einblick in die menschliche Erfahrung gegeben. Sie haben ausführlich über Themen geschrieben, die von Glück bis Erfolg reichen, und helfen den Lesern, einen Sinn in ihrem Leben zu finden, und geben ihnen die Werkzeuge an die Hand, mit denen sie ihre Ziele erreichen können. Wir alle können für ihre zeitlose Weisheit dankbar sein, die uns noch lange nach dem Tod dieser großartigen Lehrer erhalten bleibt.

Bücher zu lesen ist eine der großen Freuden des Lebens. Es kann eine Quelle des Wissens und der Unterhaltung sowie eine Möglichkeit sein, neue Ideen und Perspektiven zu erkunden. Nach der Lektüre eines Buches kann es jedoch schwierig sein, sich an die daraus gewonnenen Erkenntnisse zu erinnern. Deshalb wurde mir klar, wie wichtig es ist, Bücher für immer bei mir aufzubewahren – damit ich sie jederzeit wieder aufsuchen und weitere Erkenntnisse aus ihnen gewinnen kann.

Für mich ist das Lesen von Büchern mehr als nur Unterhaltung – es ist eine Möglichkeit zu lernen und zu wachsen. Ich versuche, die Lektionen, die ich in diesen Büchern gelernt habe, in die Praxis umzusetzen. Nach der Lektüre eines Buches befinde ich mich normalerweise in einem tranceähnlichen Zustand, während ich darüber nachdenke, wie ich das Gelernte anwenden kann. Dadurch konnte ich persönliches Wachstum und Entwicklung fördern, die ohne diese Bücher nicht möglich gewesen wären.

Meine Neugier auf die Welt um mich herum ist in den letzten Jahren exponentiell gewachsen und ich bin immer mehr davon fasziniert, neue Ideen zu entdecken und verschiedene Perspektiven zu erkunden. Ich beschäftige mich intensiv mit Themen, die mich besonders interessieren, und nutze Recherche und Kreativität, um ein tieferes Verständnis dieser Bereiche zu erlangen. Mit jeder Entdeckung wird meine Faszination für das Leben nur noch stärker.

Tushar Popats Reise in die Vereinigten Staaten im Jahr 2003 war voller Aufregung und Unsicherheit. Er wusste noch nicht, dass sein erster Tag voller Abenteuer und Überraschungen sein würde, als er versehentlich seinen Reisepass am Flughafen verlor. Trotz dieses Schluckaufs ließ Tushars Entschlossenheit, seine Träume in den USA zu verwirklichen, nie nach. Jahre später ist er nun der Autor eines erfolgreichen Buches und ich bin stolz, ihn meinen Freund nennen zu dürfen.

Tushar hat mit mir zusammengearbeitet, er war einer meiner besten Verkäufer und das Gute ist, dass wir in diesen drei Jahren eine Bindung aufgebaut haben und unser Wissen weitergegeben haben. Ich habe ihm alles beigebracht, was ich wusste, und Sie wissen, er würde sein Wissen weitergeben Mich

Die Zusammenarbeit mit Tushar war eine unglaubliche Erfahrung. Während unserer drei gemeinsamen Jahre entwickelte sich zwischen uns eine starke Bindung, die auf gegenseitigem Respekt und Bewunderung basierte. Er war einer meiner besten Verkäufer und immer lernbegierig, was mir die Möglichkeit gab, mein Wissen mit ihm zu teilen. Die Verbindung, die wir in dieser Zeit geknüpft haben, war von unschätzbarem Wert – sie ermöglichte uns beiden, beruflich und persönlich zu wachsen. In den drei Jahren unserer Zusammenarbeit haben wir eine starke Bindung aufgebaut und dabei Wissen und Ratschläge ausgetauscht. Unsere Partnerschaft war von unschätzbarem Wert, da sie uns dabei half, unsere Ziele zu erreichen und uns beruflich weiterzuentwickeln.

In den letzten zwei Jahrzehnten wurde unsere Freundschaft auf die Probe gestellt und bewiesen. Von den Tagen, als mein Freund mein Unternehmen im Jahr 2006 verließ, bis heute ist seine Wandlung vom kleinen Angestellten zum erfolgreichen Unternehmer eine inspirierende Erfolgsgeschichte. Er hat sich auf seinem Weg zweifellos selbst übertroffen und ich bin stolz auf das, was er im Leben erreicht hat. Mit einer erfolgreichen Karriere in zwei Branchen hat er eine Vielseitigkeit und einen Ehrgeiz bewiesen, die ihresgleichen suchen. Er hat sich zu einem hoch angesehenen Immobilienmakler und Experten auf dem Gebiet der Informationstechnologie entwickelt, der es ihm ermöglicht, seine Leidenschaft für Immobilien mit seiner IT-Expertise zu verbinden. Als echter Profi hat er im Laufe seiner Karriere in beiden Bereichen unglaubliche Leistungen vollbracht.

Ich schreibe diese Kurzgeschichte, um die Kraft der Visualisierung zu veranschaulichen, die ich von ihm gelernt habe. Visualisierung ist ein mächtiges Werkzeug, das uns helfen kann, unsere tiefsten Wünsche zu manifestieren. Es mag wie eine Fantasie klingen, aber die Wahrheit ist, dass es eine der effektivsten Methoden ist, um Erfolg zu haben. Indem wir visualisieren, was wir erreichen wollen, und unsere Energie auf diese Dinge konzentrieren, können wir das Leben erschaffen, das wir uns wünschen. Mit diesem einfachen, aber leistungsstarken Tool kann jeder sein Potenzial entfalten und Träume in die Realität umsetzen.

Er ist ein Mensch, der seine Arbeit mit großer Leidenschaft und Hingabe angeht und stets sein Bestes gibt, um herausragende Ergebnisse zu erzielen.

Ich erinnere mich lebhaft daran, wie mein Freund Tushar „Das Geheimnis" las, und was ihn auszeichnete, war nicht nur, dass er es las, sondern dass er die Lehren vollständig aufnahm, in sein Leben integrierte und sie mit seiner ganzen Familie teilte. Als er dies miterlebte, lehrte er mich den immensen Wert und die Kraft der Visualisierung, und ich habe diese Technik viele Male angewendet und unzählige Erfolge erzielt. Vor Kurzem habe ich mich der neuen Herausforderung gestellt, eine Karriere im Projektmanagement anzustreben, und mich für die PMP-Prüfung entschieden, die bekanntermaßen ziemlich herausfordernd ist, wenn man nicht aus diesem Bereich kommt. Während ich mich auf diese Prüfung vorbereitete, sprachen Tushar und ich regelmäßig und er betonte immer wieder die Bedeutung der Visualisierung. Aufgrund meiner Selbstüberschätzung habe ich die Prüfung zunächst nicht bestanden, aber ich erkannte schnell meinen Fehler und beschloss, ernsthafte Anstrengungen in meine Vorbereitung zu stecken. Am 1. Dezember 2022 habe ich schließlich die PMP-Prüfung bestanden, dank der Kraft der Visualisierung und Tushars unerschütterlicher Unterstützung und Ermutigung.

Tushars Lehren und sein Schwerpunkt auf Visualisierung hatten einen tiefgreifenden Einfluss auf mein Leben. Ich habe Visualisierung viele Male genutzt und viele Dinge erreicht. Einer der jüngsten Erfolge ist mein neuer Job bei der Wells Fargo Bank. Ich hatte mir immer vorgestellt, für Wells Fargo zu arbeiten, und jetzt ist dieser Traum Wirklichkeit geworden.

Jeden Morgen, wenn ich zum Fitnessstudio fuhr, sah ich das Schild von Wells Fargo und stellte mir vor, wie ich dort arbeitete. Es war ein seltsames Gefühl, aber ich sagte mir immer wieder, dass ich eines Tages dort arbeiten würde. Auch wenn ich nicht abergläubisch bin, glaube ich dennoch, dass in der Visualisierung eine gewisse Kraft steckt.

Ich wurde im Jahr 2000 Kunde von Wells Fargo, nur ein Jahr nachdem ich in die Vereinigten Staaten kam. Seitdem bin ich ein treuer Kunde. Als ich nach einem Job suchte, bat ich meine Tochter, die für die Bank of America arbeitet, mir zu helfen, aber es klappte nicht. Also beschloss ich, mir immer wieder vorzustellen, dass ich für Wells Fargo arbeiten würde.

Obwohl mir bestätigt worden war, dass ich am 22. Dezember 2022 bei Wells Fargo anfangen würde, verzögerte sich der Starttermin immer wieder. Ich fühlte mich enttäuscht und hoffnungslos, aber ich stellte mir immer wieder vor und sagte mir, dass ich irgendwann dort arbeiten würde. Nach mehr als zwei Monaten Wartezeit habe ich am 13. Februar 2023 endlich meinen neuen Job als Business Technology Lead/Projektmanager angetreten.

Während der zwei Monate und 13 Tage, die ich wartete, gab ich immer wieder Interviews und schnitt in den meisten davon gut ab. Allerdings hatte ich immer das Gefühl, dass mein Traumjob bei Wells Fargo sei. Selbst als mir andere Positionen angeboten wurden, lehnte ich sie ab, weil ich wusste, dass Wells Fargo der Ort war, an dem ich sein sollte.

Die Kraft der Visualisierung ist real und ich habe ihre Auswirkungen in meinem eigenen Leben gesehen. Wenn Sie einen

Traum oder ein Ziel haben, schließen Sie die Augen und stellen Sie sich vor, wie Sie es erreichen. Sehen Sie, wie Sie tun, was Sie tun möchten, und fühlen Sie, als ob es bereits geschehen wäre. Visualisieren Sie jeden Tag weiter, und irgendwann werden Sie Ihr Ziel erreichen.

Wie Napoleon Hill sagte: „Was der Geist sich vorstellen und glauben kann, kann er erreichen." Geben Sie Ihre Träume also nicht auf, egal wie weit hergeholt sie auch erscheinen mögen. Mit der Kraft der Visualisierung ist alles möglich.

Abschließend möchte ich Tushar dafür danken, dass er mir den Wert der Visualisierung beigebracht hat. Ohne seine Führung und Inspiration hätte ich meinen Traumjob bei Wells Fargo nicht erreicht. Ich hoffe, dass meine Geschichte andere dazu inspirieren wird, an sich selbst und die Kraft der Visualisierung zu glauben. Was auch immer Ihr Ziel sein mag, visualisieren Sie weiter, glauben Sie weiter, und Sie werden es erreichen. - Alok Bajpai."

Die Geschichte meines Freundes Alok Bajpai hat mich tief beeindruckt. Seine Geschichte ist beeindruckend, weil sie für viele von uns nachvollziehbar ist. Wir alle haben unsere eigenen Kämpfe und Herausforderungen, und Aloks Geschichte ist nur ein Beispiel dafür, wie das Gesetz der Anziehung uns helfen kann, diese zu überwinden. Tatsächlich erinnert es an mehrere andere Geschichten aus meinem eigenen Leben, die ich in diesem Buch mit Ihnen geteilt habe.

In diesem Buch habe ich viele Geschichten meiner Freunde und Verwandten erzählt, die zeigen, wie der Manifestationsprozess in verschiedenen Szenarien funktioniert.

Die Prinzipien sind für alle diese Geschichten die gleichen, aber wir können sehen, wie unterschiedliche Menschen in unterschiedlichen Situationen denken und diese Prinzipien in ihrem Leben anwenden, um ihre gewünschten Ziele zu erreichen.

Das Gesetz der Anziehung ist eine mächtige Kraft, die uns helfen kann, unsere Wünsche zu manifestieren und unsere Ziele zu erreichen. Es funktioniert, indem es ähnliche Energie zu uns zieht. Wenn wir unsere Gedanken und Gefühle auf positive Dinge konzentrieren, werden wir positive Erfahrungen und Chancen in unser Leben ziehen. Wenn wir uns andererseits auf negative Dinge konzentrieren, werden wir negative Erfahrungen und Ergebnisse anziehen.

Vielen Menschen fällt es schwer zu glauben, dass das Gesetz der Anziehung bei ihnen wirken kann. Sie befinden sich möglicherweise in einer aussichtslosen Situation und denken, dass es keinen Ausweg gibt. Wenn sie jedoch die in diesem Buch beschriebenen einfachen Schritte befolgen, werden sie Veränderungen in ihren Umständen feststellen.

Der erste Schritt besteht darin, Ihre eigene Geschichte zu schreiben. Stellen Sie sich das Leben vor, das Sie führen möchten, und schreiben Sie es detailliert auf. Haben Sie keine Angst, große Träume zu haben! Schreiben Sie über alles, was Sie erreichen möchten, über die Menschen, die Sie in Ihrem

Leben haben möchten, und über die Erfahrungen, die Sie machen möchten.

Beginnen Sie als Nächstes damit, diese Geschichte in Ihrem Kopf zu visualisieren, als ob sie bereits geschehen würde. Glauben Sie so lebhaft daran, dass es sich real anfühlt. Je intensiver Ihr Glaube ist, desto kraftvoller wird Ihre Manifestation sein.

Wenn Ihnen negative Gedanken in den Sinn kommen, ersetzen Sie sie durch positive. Konzentrieren Sie sich auf die guten Dinge in Ihrem Leben und vergessen Sie die Dinge, die Ihnen Stress und Sorgen bereiten. Lassen Sie keine Angst in Ihren Geist eindringen, denn sie wird Sie nur zurückhalten.

Wenn Sie eine Gelegenheit bekommen, die Ihren Wünschen entspricht, ergreifen Sie sie! Lass es nicht an dir vorbeigehen. Das Universum sendet Ihnen, was Sie wollen, also haben Sie keine Angst, es zu ergreifen.

Denken Sie daran: Gleiches zieht Gleiches an. Wenn Sie sich auf das Positive konzentrieren, werden Sie positive Erfahrungen und Menschen in Ihr Leben ziehen. Wenn Sie sich auf das Negative konzentrieren, werden Sie negative Erfahrungen und Menschen anziehen.

Glauben Sie schließlich daran, dass Sie alles erreichen können, was Sie sich vorgenommen haben. Wenn Sie es sich vorstellen können, können Sie es in die Realität umsetzen.

Alles, was Sie tun müssen, ist an sich selbst und die Kraft des Gesetzes der Anziehung zu glauben.

Das Gesetz der Anziehung ist eine mächtige Kraft, die uns helfen kann, unsere Wünsche zu manifestieren und unsere Ziele zu erreichen. Indem wir unsere Gedanken und Gefühle auf positive Dinge konzentrieren, können wir positive Erfahrungen und Chancen in unser Leben ziehen. Wenn wir an uns selbst und die Kraft des Gesetzes der Anziehung glauben, ist alles möglich.

Daher sind die wichtigsten Dinge, die wir tun können, folgende:

1. Um das zu erreichen, was Sie im Leben wollen, können Sie einige Schritte befolgen. Erstens ist es wichtig, sich nur auf positive Gedanken zu konzentrieren. Wenn Sie feststellen, dass Sie negativ denken, halten Sie inne und lenken Sie Ihre Gedanken auf etwas Positives. Tun Sie dies konsequent, bis es zur automatischen Gewohnheit wird.

2. Zweitens ist es hilfreich, eine Szene aus Ihrer Lebensgeschichte aufzuschreiben, die Sie sich in der Zukunft wünschen. Schreiben Sie es so detailliert wie möglich und verfeinern Sie es jeden Tag und fügen Sie weitere Details hinzu. Dies hilft, die Vision in Ihrem Kopf zu festigen und sie im Vordergrund Ihres Bewusstseins zu halten.

3. Der dritte Schritt besteht darin, zu glauben, dass das, was Sie aufgeschrieben haben, bereits geschieht. Schließen Sie die Augen und stellen Sie sich vor, als würden Sie einen Film ansehen. Sehen Sie, wie sich die Szene, die Sie aufgeschrieben haben, genau so abspielt, wie Sie sie beschrieben haben. Wenn Sie beispielsweise möchten, dass Ihr Unternehmen erfolgreich ist, stellen Sie sich vor, einen bestimmten Umsatz zu erzielen, einen bestimmten Nettogewinn zu erzielen und eine bestimmte Menge an Vermögen anzuhäufen.

4. Nachdem Sie sich die gewünschte Szene vorgestellt haben, ist es wichtig, Dankbarkeit und Wertschätzung zu zeigen. Öffnen Sie Ihre Augen und danken Sie dem Universum oder der höheren Macht, an die Sie glauben, dass es dies möglich gemacht hat. Glauben Sie, dass Ihre Gebete bereits erhört wurden, und seien Sie dankbar für den Erfolg, der auf Sie zukommt.

5. Bleiben Sie schließlich glücklich und positiv und wissen Sie, dass Ihre Ziele bereits erreicht wurden. Egal, was in der Welt um Sie herum passiert, konzentrieren Sie sich weiterhin auf Ihre Vision und das Glücksgefühl, das mit der Verwirklichung dieser Vision einhergeht. Denken Sie daran, dass Ihre Gedanken die Macht haben, Ihre Realität zu formen, und wenn Sie daran glauben können, können Sie es erreichen. Denken Sie daran, dass Ihre Gedanken zu Dingen werden.

Konzentrieren Sie sich also auf das Positive und glauben Sie an sich.

Kapitel 4. Die Bedeutung der Visualisierung Ihrer Ziele

A. Was ist Visualisierung?

Visualisierung ist der Prozess, bei dem Sie mentale Bilder Ihrer Ziele und Wünsche in Ihrem Kopf erzeugen. Wenn Sie visualisieren, stellen Sie sich vor, dass Sie Ihre Ziele so erleben, als ob sie bereits erreicht wären. Dies hilft, die Kraft des Gesetzes der Anziehung zu aktivieren und Ihre Ziele der Realität näher zu bringen.

Visualisierung ist ein leistungsstarkes Werkzeug, das Ihnen helfen kann, Hindernisse zu überwinden, Ihre Motivation zu steigern und Ihre Ziele schneller und einfacher zu erreichen. Indem Sie Ihre Ziele visualisieren, können Sie eine starke und positive Verbindung zu ihnen herstellen, die Ihnen helfen kann, konzentriert und motiviert zu bleiben, auch wenn Herausforderungen auftauchen.

B. Die Wissenschaft hinter der Visualisierung

Die Wissenschaft hinter der Visualisierung basiert auf dem Konzept der Neuroplastizität, der Idee, dass sich das Gehirn als Reaktion auf Erfahrungen und Reize verändern und anpassen kann. Wenn Sie Ihre Ziele visualisieren, schaffen Sie neue Nervenbahnen in Ihrem Gehirn, und diese Bahnen können dazu beitragen, Ihre Gedanken, Überzeugungen und Verhaltensweisen positiv zu verändern.

Untersuchungen haben gezeigt, dass Visualisierung ähnliche Bereiche des Gehirns aktivieren kann wie körperliche Erfahrungen, was dazu beitragen kann, eine stärkere Verbindung zu Ihren Zielen herzustellen und Ihre Motivation, diese zu erreichen, zu steigern. Dies kann zu einer verbesserten Leistung, mehr Selbstvertrauen und größerem Erfolg beim Erreichen Ihrer Ziele führen.

C. Die Vorteile der Visualisierung

Visualisierung kann eine Vielzahl von Vorteilen bieten, darunter:

Erhöhte Motivation: Wenn Sie Ihre Ziele visualisieren, können Sie Ihre Motivation und Ihren Antrieb, diese zu erreichen, steigern. Dies liegt daran, dass die Visualisierung dazu beiträgt, eine stärkere Verbindung zu Ihren Zielen herzustellen und diese realer und erreichbarer erscheinen zu lassen.

Verbesserter Fokus: Visualisierung kann Ihnen auch dabei helfen, den Fokus aufrechtzuerhalten und Ihre Ziele auf dem richtigen Weg zu halten. Indem Sie Ihre Ziele regelmäßig visualisieren, können Sie sie im Kopf behalten und vermeiden, sich durch Hindernisse ablenken oder entmutigen zu lassen.

Reduzierter Stress und Ängste: Visualisierung kann auch dazu beitragen, Stress und Ängste zu reduzieren, indem sie ein Gefühl der Ruhe und Entspannung vermittelt. Wenn Sie Ihre Ziele visualisieren, können Sie sich sicherer und kontrollierter fühlen, was dazu beitragen kann, Stress und Ängste abzubauen.

Verbesserte Leistung: Visualisierung kann auch zu einer verbesserten Leistung führen, indem sie Ihnen hilft, sich selbst als erfolgreiche und selbstbewusste Person zu sehen. Indem Sie sich in Ihrem Wunschzustand visualisieren, können Sie Ihren mentalen und emotionalen Zustand verbessern, was zu besserer Leistung und größerem Erfolg führen kann.

D. Wie Sie Ihre Ziele visualisieren

Um das Beste aus der Visualisierung herauszuholen, ist es wichtig, regelmäßig zu üben und sie zu einem Teil Ihrer täglichen Routine zu machen. Hier sind einige Tipps zur effektiven Visualisierung Ihrer Ziele:

Suchen Sie sich einen ruhigen und entspannenden Ort
zum Visualisieren von:

Suchen Sie sich einen ruhigen und entspannten Ort, an
dem Sie mit Ihren Gedanken allein sein können. Schließen Sie
die Augen, atmen Sie ein paar Mal tief durch und entspannen
Sie sich.

Erstellen Sie ein klares und lebendiges Bild:

Erstellen Sie in Ihrem Kopf ein klares und lebendiges Bild
Ihrer Ziele. Stellen Sie sich vor, Sie erleben Ihre Ziele, als wären
sie bereits erreicht. Nutzen Sie alle Sinne, um das Bild so real
und lebendig wie möglich zu gestalten.

Konzentrieren Sie sich auf Ihre Emotionen:

Konzentrieren Sie sich auf die Emotionen, die Sie spüren
möchten, wenn Sie Ihre Ziele erreichen. Stellen Sie sich vor,
wie es sich anfühlen wird, erfolgreich, selbstbewusst und
glücklich zu sein. Erlauben Sie sich, vollständig in diese
Emotionen einzutauchen und lassen Sie sich von ihnen bei
Ihrer Visualisierung leiten.

Regelmäßig wiederholen:

Wiederholen Sie Ihre Visualisierung regelmäßig, insbesondere morgens und vor dem Schlafengehen. Je mehr Sie üben, desto stärker wird Ihre Verbindung zu Ihren Zielen.

Visualisierung kann ein wirkungsvolles Werkzeug sein, um Ihre Ziele zu erreichen und Fülle und Erfolg zu manifestieren. Indem Sie Visualisierung in Ihren Alltag integrieren, können Sie Ihr Gehirn trainieren, um Ihre Ziele zu erreichen.

Erfolg visualisieren: Wie Sarah ihre Träume verwirklichte:

Es war einmal eine Frau namens Sarah, die immer davon geträumt hatte, eine erfolgreiche Unternehmerin zu werden. Sie hatte in der Vergangenheit versucht, mehrere Unternehmen zu gründen, aber alle scheiterten. Sarah fühlte sich entmutigt und wusste nicht, was sie als nächstes tun sollte.

Als sie eines Tages in einer Buchhandlung stöberte, stieß sie auf ein Buch über Visualisierung. Das Buch erklärt, wie Sie die Kraft der Visualisierung nutzen können, um Ihre Ziele zu erreichen. Es schlug vor, dass Sie Ihr Ziel als einen Film in Ihrem Kopf betrachten und eine Szene erstellen sollten, in der Sie Ihr Ziel bereits erreicht haben. Sie sollten die Emotionen des Erfolgs spüren und wirklich glauben, dass Sie ihn erreicht haben.

Sarah war zunächst skeptisch, beschloss aber, es zu versuchen. Sie begann damit, sich selbst als CEO ihres eigenen erfolgreichen Unternehmens vorzustellen. Sie stellte sich vor, wie sie mit ihrem Namen an der Tür ein wunderschönes Bürogebäude betrat. Sie würde sich vorstellen, Präsentationen vor Investoren zu halten und Mitarbeiter einzustellen.

Als Sarah sich weiterhin ihren Erfolg vorstellte, geschah etwas Erstaunliches. Sie begann zu glauben, dass ihr Traum möglich war. Sie verspürte ein neues Gefühl von Energie und Motivation und begann, ihr Ziel zu erreichen.

Sarah begann, Networking-Events zu besuchen und mit potenziellen Investoren zu sprechen. Sie würde sich in ihrer Filmszene vorstellen und das Selbstvertrauen und die Aufregung spüren, ihr Ziel erreicht zu haben. Schon bald zahlte sich Sarahs harte Arbeit aus. Sie sicherte sich die Finanzierung ihres Unternehmens und konnte ihr eigenes Büro eröffnen.

Während Sarah sich ihren Erfolg weiter vorstellte, stellte sie fest, dass die Dinge einfach zusammenzupassen schienen. Sie zog die richtigen Mitarbeiter an, sicherte sich wichtige Verträge und ihr Unternehmen begann schnell zu wachsen.

Rückblickend erkannte Sarah, dass Visualisierung der Schlüssel zu ihrem Erfolg war. Es half ihr, an sich selbst zu glauben und gab ihr die Motivation, weiterzumachen, auch wenn es schwierig wurde. Durch die Visualisierung ihres Erfolgs konnte Sarah ihre Ziele erreichen und das Leben schaffen, von dem sie immer geträumt hatte.

Zusammenfassend lässt sich sagen, dass Visualisierung ein leistungsstarkes Werkzeug ist, das Ihnen beim Erreichen Ihrer Ziele helfen kann. Indem Sie eine mentale Filmszene über Ihr erreichtes Ziel erstellen und die Emotionen des Erfolgs spüren, können Sie wirklich glauben, dass Ihr Traum möglich ist. Wie Sarahs Geschichte zeigt, kann Visualisierung Ihnen die Motivation und das Selbstvertrauen geben, Maßnahmen zur Erreichung Ihrer Ziele zu ergreifen und letztendlich zum Erfolg zu führen.

Kapitel 5. Erstellen eines Vision Boards

A. Was ist ein Vision Board?

Ein Vision Board ist eine physische Darstellung Ihrer Ziele, Träume und Bestrebungen. Es ist eine Collage aus Bildern, Zitaten und Affirmationen, die darstellen, was Sie erreichen möchten und wer Sie werden möchten. Ein Vision Board ist ein Werkzeug zur Manifestation, das Ihnen hilft, Ihre Ziele der Realität näher zu bringen, indem es Ihren Geist auf das konzentriert, was Sie erreichen möchten.

B. So erstellen Sie ein Vision Board

Sammeln Sie Materialien: Sammeln Sie Materialien wie Zeitschriften, Scheren, Kleber und eine große Plakatwand. Sie können auch digitale Tools nutzen, um ein virtuelles Vision Board zu erstellen.

Identifizieren Sie Ihre Ziele: Beginnen Sie damit, Ihre Ziele, Träume und Bestrebungen zu identifizieren. Was möchten Sie in verschiedenen Bereichen Ihres Lebens erreichen, z. B. Karriere, Beziehungen, Gesundheit und persönliches Wachstum?

Sammeln Sie Bilder und Zitate: Durchsuchen Sie Zeitschriften und Websites, um Bilder und Zitate zu finden, die Ihre Ziele und Wünsche repräsentieren. Schneiden Sie Bilder und Zitate aus, die Sie ansprechen und das Wesentliche dessen festhalten, was Sie erreichen möchten.

Erstellen Sie Ihr Vision Board: Ordnen Sie die Bilder und Zitate auf Ihrem Posterboard so an, dass es für Sie sinnvoll erscheint. Stellen Sie sicher, dass Sie Ihr Vision Board an einem Ort aufstellen, an dem Sie es regelmäßig sehen, beispielsweise in Ihrem Schlafzimmer oder am Arbeitsplatz.

Verfeinern und aktualisieren Sie Ihr Vision Board: Überprüfen Sie Ihr Vision Board regelmäßig und nehmen Sie bei Bedarf Änderungen vor. Fügen Sie neue Bilder und Zitate hinzu, sobald Sie sie entdecken, und entfernen Sie alle Elemente, die nicht mehr Ihren Zielen entsprechen.

C. Die Vorteile eines Vision Boards

Erhöhte Motivation: Ein Vision Board kann Ihre Motivation und Ihren Antrieb zur Erreichung Ihrer Ziele steigern, indem es diese im Vordergrund Ihres Geistes behält.

Verbesserte Konzentration: Ein Vision Board kann Ihnen auch dabei helfen, sich auf Ihre Ziele zu konzentrieren und sich nicht durch Hindernisse ablenken oder entmutigen zu lassen.

Erhöhte Kreativität: Das Erstellen eines Vision Boards kann auch eine kreative Möglichkeit sein, Ihrer Fantasie freien Lauf zu lassen und Ihre Ziele auf einzigartige und persönliche Weise auszudrücken.

Erhöhte Manifestation: Ein Vision Board kann auch dazu beitragen, Ihre Ziele der Realität näher zu bringen, indem es Ihren Geist auf das konzentriert, was Sie erreichen möchten. Wenn Sie Ihr Vision Board regelmäßig sehen, senden Sie eine starke Botschaft an Ihr Unterbewusstsein, die Ihnen dabei helfen kann, Ihre Ziele schneller und einfacher zu verwirklichen.

D. Schlussfolgerung

Das Erstellen eines Vision Boards ist eine einfache und effektive Möglichkeit, Ihre Ziele zu manifestieren und sie der Realität näher zu bringen. Indem Sie Ihren Geist auf das konzentrieren, was Sie erreichen möchten, können Sie Ihre Motivation steigern, Ihren Fokus verbessern und Ihre Manifestationsfähigkeiten verbessern. Machen Sie die Erstellung eines Vision Boards zu einem Teil Ihrer Manifestationspraxis und beobachten Sie, wie Ihre Träume Wirklichkeit werden.

E. Mit einem Vision Board Fülle zum Leben erwecken

David war ein Mann mit großen Träumen. Er wollte in einem schönen Haus mit großem Garten leben, ein Luxusauto fahren und die Welt bereisen. Allerdings hatte er das Gefühl, in seinem Job festzustecken, von Gehaltsscheck zu Gehaltsscheck zu leben und Schwierigkeiten zu haben, über die Runden zu kommen. Da entdeckte er die Kraft der Visualisierung und die Magie des Vision Boards.

David begann damit, ein Vision Board zu erstellen, genau wie im Buch empfohlen. Er schnitt Bilder seines Traumhauses, des Autos, das er fahren wollte, und der Reiseziele, die er besuchen wollte, aus. Er fügte sogar ein Bild von sich selbst vor seinem Traumhaus mit einem breiten Lächeln im Gesicht bei.

Jeden Morgen und jeden Abend blickte David auf sein Vision Board und stellte sich vor, in diesem wunderschönen Haus zu leben, dieses luxuriöse Auto zu fahren und zu diesen Zielen zu reisen. Er spürte die Aufregung und Freude, seine Ziele zu erreichen, als ob sie bereits wahr geworden wären.

Langsam aber sicher begannen sich die Dinge für David zu ändern. Er wurde bei der Arbeit befördert und verdiente mehr Geld. Er sparte jeden Penny, den er konnte, und tätigte kluge Investitionen, die es ihm ermöglichten, schneller Vermögen anzuhäufen, als er es jemals für möglich gehalten hätte.

Nach Jahren harter Arbeit und Hingabe verwirklichte David schließlich seinen Traum. Er fand genau dasselbe Haus, das auf seinem Vision Board stand. Er kaufte es und zog bei seiner Familie ein. Er war dankbar und stolz auf seine Leistung. Er kaufte auch das gleiche Luxusauto, das er sich vorgestellt hatte, und reiste zu den Zielen auf seinem Vision Board.

David erkannte, dass die Erstellung eines Vision Boards ihm nicht nur geholfen hatte, seine Ziele zu erreichen, sondern dass es auch seine Denkweise verändert hatte. Er war nicht länger in einem einschränkenden Glaubenssystem gefangen, dass er nicht das Leben führen könne, das er sich wünschte. Er hatte nun die Kraft, seine Träume zu verwirklichen und das Leben zu leben, das er sich immer gewünscht hatte.

Zusammenfassend lässt sich sagen, dass die Erstellung eines Vision Boards ein wirkungsvolles Werkzeug zur Manifestation ist. Es ermöglicht Ihnen, sich auf Ihre Ziele und Träume zu konzentrieren und kann Ihnen dabei helfen, diese schneller zu erreichen, als Sie es jemals für möglich gehalten hätten. Indem jeder die im Buch beschriebenen Schritte befolgt, kann er ein Vision Board erstellen und zusehen, wie seine Träume Wirklichkeit werden.

F. Das Gesetz der Anziehung in Aktion: Wie mir mein Vision Board geholfen hat, 500.000 US-Dollar zu gewinnen

John war schon immer von der Idee fasziniert gewesen, im Lotto zu gewinnen. Er träumte oft davon, was er mit dem Geld und der damit verbundenen Freiheit anfangen würde. Er wusste jedoch, dass seine Gewinnchancen gering bis gleich Null waren. Bis er die Kraft der Visualisierung und des Vision Boards entdeckte.

John hatte monatelang die Kunst der Visualisierung geübt. Er hatte ein Vision Board erstellt, das mit Bildern der Dinge gefüllt war, die er sich im Leben am meisten wünschte. Er blickte jeden Morgen und Abend auf sein Vision Board, konzentrierte seinen Geist auf seine Ziele und stellte sich vor, wie er sie erreichen würde. Er verspürte Gefühle der Freude und Dankbarkeit, als hätte er bereits im Lotto gewonnen.

Eines Tages, als John von der Arbeit nach Hause fuhr, hielt er an einer Tankstelle an, um eine Limonade zu kaufen. Während er in der Schlange stand, beschloss er, einen Lottoschein zu kaufen. Er schloss die Augen und stellte sich die Gewinnzahlen vor, die auf dem Spielschein standen. Er spürte die Aufregung und Freude über den Sieg, als ob es bereits geschehen wäre.

Tage vergingen und John vergaß fast den Lottoschein, den er gekauft hatte. Doch eines Morgens erwachte er mit einem Anruf, der sein Leben für immer verändern würde. Er hatte im Lotto gewonnen und der Preis betrug 500.000 Dollar.

John war geschockt, aber er wusste, dass seine Visualisierung und das Vision Board eine große Rolle bei seinem Sieg gespielt hatten. Er hatte sich seit Monaten darauf konzentriert, im Lotto zu gewinnen, und sein Geist hatte sich auf seinen Wunsch eingestellt. Das Universum hatte reagiert, indem es ihm das Geld gebracht hatte, das er sich vorgestellt hatte.

Mit dem Geld konnte John seine Schulden abbezahlen, ein neues Auto kaufen und die Welt bereisen. Er war dankbar für die Kraft der Visualisierung und des Vision Boards, die ihm geholfen hatten, seinen größten Traum zu verwirklichen. Von diesem Tag an übte er weiterhin Visualisierung und nutzte das Vision Board, um andere Wünsche in seinem Leben zu manifestieren.

G. Wohlstand visualisieren: Die Kraft eines Vision Boards. Geschichte von Richard in seinen eigenen Worten.

„Seit ich denken kann, hatte ich immer den Wunsch, finanziell erfolgreich zu sein. Doch trotz meiner besten Bemühungen kam es mir immer so vor, als würde ich einfach nur vorbeikommen. Erst als ich die Kraft eines Vision Boards entdeckte, begann ich wirklich zu sehen, wie meine Träume wahr wurden.

Ich begann meine Visionboard-Reise mit dem Sammeln von Bildern meiner finanziellen Ziele. Ich habe Bilder von luxuriösen Häusern, schicken Autos und exotischen Urlauben gefunden. Ich habe sogar Zitate und Affirmationen hinzugefügt, um mich zu motivieren. Ich habe alle diese Bilder auf einer Plakatwand arrangiert und so eine Collage erstellt, die meine ideale finanzielle Zukunft darstellt.

Jeden Tag verbrachte ich ein paar Minuten damit, mich auf mein Vision Board zu konzentrieren. Ich würde meine Augen schließen und mir vorstellen, in dem luxuriösen Haus zu leben, das schicke Auto zu fahren und diese exotischen Ferien zu machen. Ich visualisierte diese Dinge, als wären sie bereits ein Teil meines Lebens, mit Glauben und Gefühlen.

Mit der Zeit bemerkte ich Veränderungen in meinem Leben. Ich wurde motivierter und konzentrierte mich auf das Erreichen meiner finanziellen Ziele. Ich begann, Maßnahmen für den Aufbau einer besseren finanziellen Zukunft zu ergreifen. Ich war bei meinen Ausgabegewohnheiten disziplinierter und sah, wie mein Bankkonto wuchs.

Eines Tages erhielt ich ein Jobangebot, das meine kühnsten Träume übertraf. Es war ein Job, der gut bezahlt wurde und Möglichkeiten für Wachstum und Aufstieg bot. Mit Hilfe meines Vision Boards habe ich diesen Job in meinem Leben manifestiert. Ich war erstaunt über die Kraft der Visualisierung und Manifestation.

Mein Vision Board hat mir nicht nur geholfen, meine finanziellen Ziele zu erreichen, sondern auch mein allgemeines Wohlbefinden verbessert. Es steigerte meine Motivation, Konzentration und Positivität. Ich hatte mehr Kontrolle über mein Leben und hatte die Macht, die Zukunft zu gestalten, die ich mir wünschte.

Zusammenfassend lässt sich sagen, dass die Erstellung eines Vision Boards eine einfache und effektive Möglichkeit ist, Ihre finanziellen Ziele zu verwirklichen. Indem Sie Ihren Geist auf das konzentrieren, was Sie erreichen möchten, können Sie Ihre Motivation steigern, Ihren Fokus verbessern und Ihre Manifestationsfähigkeiten verbessern. Die Integration eines Vision Boards in Ihre Manifestationspraxis kann Ihnen dabei helfen, Ihre Träume zum Leben zu erwecken."

Kapitel 6. Visualisieren in einem Halb-Trance-Zustand

A. Was ist ein Halb-Trance-Zustand?

Ein Halb-Trance-Zustand ist ein Zustand der Entspannung und Konzentration, der durch Verlangsamung der Atmung (Hörfrequenzvariabilität) und Entspannung des Körpers erreicht wird. Dieser Zustand zeichnet sich durch reduzierte äußere Reize aus, sodass Sie sich effektiver auf Ihre inneren Gedanken und Visualisierungen konzentrieren können. Wenn Sie in einem Halbtrancezustand visualisieren, können Sie Ihr Unterbewusstsein mit Ihren bewussten Zielen in Einklang bringen und so Ihre Fähigkeit verbessern, Ihre Wünsche zu manifestieren.

B. Wie man in einem Halb-Trance-Zustand visualisiert

Suchen Sie sich einen ruhigen, komfortablen Ort: Suchen Sie sich einen ruhigen, komfortablen Ort, an dem Sie sich entspannen und ungestört sein können.

Entspannen Sie Ihren Körper: Beginnen Sie damit, Ihre Atmung zu verlangsamen und Ihren Körper zu entspannen. Sie können dies erreichen, indem Sie verschiedene

Muskelgruppen anspannen und entspannen, angefangen bei den Füßen bis hin zum Kopf.

Konzentrieren Sie sich auf Ihre Visualisierung: Schließen Sie die Augen und konzentrieren Sie sich auf Ihre Visualisierung. Stellen Sie sich ein Szenario vor, in dem Ihr Ziel bereits erreicht wurde. Sehen Sie sich selbst in allen Einzelheiten und erleben Sie die Emotionen und Empfindungen, die Sie mit sich bringen, wenn Sie Ihr Ziel erreicht haben.

Der VSS-Modus, kurz für „Very Still State Mode", bezieht sich auf eine Meditationsphase, in der man darauf abzielt, völlige körperliche Stille zu erreichen, ähnlich wie ein bewegungsloser Stein. Dieser Zustand ist von entscheidender Bedeutung, da er es Ihnen ermöglicht, in den Alphawellenzustand einzutreten, in dem Ihr Geist Alphawellen aussendet, die die Manifestation erleichtern. Je tiefer Sie in den Alpha-Zustand gelangen, desto größer ist Ihre Fähigkeit, sich mit dem Universum zu verbinden und Ihre Wünsche zu manifestieren. Daher kann das Erreichen des VSS-Modus für diejenigen, die die Kraft der Meditation zur Selbstverbesserung und zum persönlichen Wachstum nutzen möchten, von großem Nutzen sein.

Halten Sie die Visualisierung gedrückt: Halten Sie die Visualisierung einige Minuten lang gedrückt, damit Ihr Geist vollständig in das Szenario eintauchen kann. Während Sie die

Visualisierung halten, stellen Sie sich vor, dass das Ziel immer realer wird, bis es sich anfühlt, als ob es im gegenwärtigen Moment geschieht.

Bringen Sie sich zurück in den gegenwärtigen Moment: Bringen Sie sich nach und nach zurück in den gegenwärtigen Moment und seien Sie dankbar für die Erfahrung und die positiven Gefühle, die sie in Ihr Leben gebracht hat.

Während des Visualisierungsprozesses, wenn Sie ihn beenden, müssen Sie sehen, dass jemand in der Visualisierung, nicht Sie, sondern eine dritte Person, Ihr Freund oder jemand anderes, Ihnen zu Ihrer Leistung gratuliert und Sie sich bedanken.

Als Regisseur Ihres Lebens ist es entscheidend, Ihren Visualisierungsprozess so anzugehen, als würden Sie einen Film inszenieren. Stellen Sie sich vor, Sie erstellen eine Szene, die den Moment einfängt, in dem Sie Ihr Ziel erreichen oder eine Auszeichnung erhalten. Visualisieren Sie jedes Detail, von den Menschen um Sie herum bis zum Applaus, wenn Sie die Bühne betreten, um Ihre Auszeichnung entgegenzunehmen. Erstellen Sie einen mentalen Videoclip der Szene, beginnen Sie von vorne und enden Sie mit Dankbarkeit. Stellen Sie sich vor, wie Sie selbstbewusst die Bühne betreten, die Auszeichnung entgegennehmen, sich dem Publikum zuwenden und ihm danken. Wiederholen Sie diesen Visualisierungsprozess so oft wie nötig, bis sich die Szene real, klar und lebendig anfühlt.

Diese Technik kann auf jedes Ziel angewendet werden, egal ob es sich um eine einminütige Szene oder einen 30-sekündigen Clip handelt. Mit etwas Übung werden sich Ihre Visualisierungsfähigkeiten verbessern und Sie werden in der Lage sein, Ihre Träume und Ziele mit Leichtigkeit zu verwirklichen. Denken Sie daran, Ihre Visualisierung immer mit Dankbarkeit und Wertschätzung zu beenden, da dies Ihnen dabei helfen wird, mehr Fülle und Positivität in Ihr Leben zu bringen.

Um Ihre Ziele effektiv zu visualisieren und zu manifestieren, ist es wichtig, in den Alpha-Wellen-Zustand Ihres Geistes zu gelangen. Dieser Zustand kann durch regelmäßiges Üben erreicht werden und wird am häufigsten im Halbtrance-Modus erreicht, wenn Sie kurz vor dem Einschlafen stehen. Es ist jedoch auch möglich, diesen Zustand jederzeit tagsüber zu betreten. Um in den Alpha-Wellen-Zustand zu gelangen, müssen Sie die Augen schließen und ganz ruhig in einer bequemen Position sitzen. Versuchen Sie, sich auf den Bereich zwischen Ihren Augenbrauen zu konzentrieren, wobei Ihre Augen ein wenig nach oben blicken, und konzentrieren Sie sich dort einfach weiter. Innerhalb weniger Sekunden befinden Sie sich in Ihrem Alpha-Zustand. Wenn Sie sich konzentrieren, gelangen Sie nach und nach in den Alphawellenzustand, der Sie empfänglicher für den Empfang von Botschaften aus dem Universum macht. In diesem Zustand können Sie fordern, was Sie wollen, und das

Universum wird die Umstände und Ereignisse so ausrichten, dass Sie Ihre Ziele erreichen. Indem Sie regelmäßig in den Alpha-Wellen-Zustand eintreten und Ihre Ziele klar visualisieren, können Sie Ihre gewünschte Realität mit Leichtigkeit manifestieren.

C. Die Vorteile der Visualisierung in einem Halb-Trance-Zustand

Erhöhte Manifestation: Wenn Sie Ihre Manifestationsbemühungen verstärken möchten, sollten Sie erwägen, Ihre Ziele in einem Halb-Trance-Zustand zu visualisieren. Dies kann dazu beitragen, Ihr Unterbewusstsein mit Ihren bewussten Wünschen in Einklang zu bringen, was zu einem Zustand der Herz-Gehirn-Kohärenz führt. Diese Übereinstimmung zwischen Ihren Gefühlen und Wünschen kann Wunder bewirken, wenn es darum geht, Ihre Ziele der Realität näher zu bringen. Indem Sie die Kraft der Visualisierung und der Herz-Hirn-Kohärenz nutzen, können Sie den Weg für mehr Erfolg und Erfüllung im Leben ebnen.

Verbesserter Fokus: Indem Sie Ihre Atmung verlangsamen und Ihren Körper entspannen, können Sie Ihren Fokus verbessern und sich effektiver auf Ihre Visualisierung konzentrieren.

Verbesserte Visualisierungsfähigkeiten: Regelmäßige Visualisierung im Halbtrancezustand kann dazu beitragen, Ihre

Visualisierungsfähigkeiten zu verbessern, sodass Sie sich leichter auf Ihre Ziele konzentrieren und diese der Realität näher bringen können.

Erhöhtes Selbstvertrauen: Indem Sie sich regelmäßig in Szenarien visualisieren, in denen Ihre Ziele bereits erreicht wurden, können Sie Ihr Selbstvertrauen und Selbstvertrauen stärken und es so einfacher machen, Maßnahmen zur Erreichung Ihrer Ziele zu ergreifen.

D. Schlussfolgerung zum Halb-Trance-Zustand.

Die Visualisierung in einem Halbtrancezustand ist ein wirkungsvolles Manifestationswerkzeug, das Ihnen helfen kann, Ihre Ziele der Realität näher zu bringen. Indem Sie Ihre Atmung verlangsamen und Ihren Körper entspannen, können Sie sich effektiver auf Ihre Visualisierung konzentrieren und Ihr Unterbewusstsein mit Ihren bewussten Wünschen in Einklang bringen. Machen Sie die Visualisierung in einem Halb-Trance-Zustand zu einem festen Bestandteil Ihrer Manifestationspraxis und beobachten Sie, wie Ihre Ziele Wirklichkeit werden.

E. Die Hook-Methode:

Die Hook-Methode ist eine wirkungsvolle Technik, die Ihnen dabei helfen kann, die Kraft des Gesetzes der Anziehung zu nutzen, um Ihre Ziele zu erreichen und das Leben Ihrer

Träume zu erschaffen. Die Technik umfasst drei einfache Schritte, die Sie jeden Tag üben können, um Fülle und Wohlstand in Ihr Leben zu bringen.

Schritt 1 besteht darin, an den schönsten Moment in Ihrem Leben zu denken und diesen Moment zu schätzen. Es könnte ein Moment großer Freude, Erfolg oder Liebe sein. Es könnte ein Moment sein, in dem Sie das Gefühl haben, ganz oben auf der Welt zu sein. Dieser Moment repräsentiert Ihren höchsten emotionalen Zustand und Sie möchten ihn nutzen, um Ihre Visualisierung zu verankern.

Erinnern Sie sich in Ihrer Visualisierungssitzung zunächst an diesen Moment und erleben Sie ihn in Ihrem Geist noch einmal. Denken Sie daran, wie Sie sich gefühlt haben, was Sie gesehen, was Sie gehört haben und was Sie in diesem Moment gedacht haben. Versuchen Sie, ganz in das Erlebnis einzutauchen und die gleichen Emotionen noch einmal zu spüren.

Sobald Sie sich in diesem Zustand positiver Emotionen befinden, besteht der nächste Schritt darin, sofort an das zu denken und zu visualisieren, was Sie sich im Leben wünschen oder wünschen, das ist Ihr Ziel. Es kann alles sein – ein neues Haus, ein Traumjob, eine liebevolle Beziehung, finanzieller Wohlstand oder alles andere, was Sie sich wünschen. Visualisieren Sie das Ziel so anschaulich und klar wie möglich und mit größtmöglicher Detailgenauigkeit. Sehen Sie, dass Sie es bereits erreicht haben. Stellen Sie sich vor, wie Sie sich fühlen, was Sie sehen, was Sie hören und was Sie denken werden, wenn Sie Ihr Ziel erreicht haben. Je öfter Sie Ihre Visualisierungen jeden Tag wiederholen, desto lebendiger und klarer wird Ihre Visualisierung Ihres Ziels und Sie werden das Gefühl haben, dass es so real ist, dass es gerade jetzt mit Ihnen geschieht.

Nachdem Sie Ihr Ziel visualisiert haben, besteht der dritte Schritt darin, sich in Ihrer Visualisierung über dieses Ziel zu freuen und dem Universum Dankbarkeit zu zeigen. Sie müssen dankbar sein, dass Sie Ihr Ziel in Ihrer Visualisierung bereits erreicht haben, denn es wird so real aussehen. Drücken Sie Ihre Dankbarkeit aus, indem Sie „Danke" sagen und die Gefühle der Dankbarkeit und Freude spüren. Fühlen Sie sich, als hätten Sie Ihren Wunsch bereits erhalten und drücken Sie Ihre Wertschätzung dafür aus. Dies wird dazu beitragen, Ihre Schwingung an die Frequenz der Fülle anzupassen und mehr von dem, was Sie sich wünschen, in Ihr Leben zu ziehen.

Alle drei Schritte müssen einmal täglich wiederholt werden, wenn Sie zu Bett gehen und die Augen schließen. Es muss sich in einem Halbtrancezustand befinden, in dem Sie sich schläfrig fühlen und kurz vor dem Einschlafen stehen, aber am Ende versuchen, etwas zu visualisieren der Visualisierung schläfst du ein. Der Gedanke wird die ganze Nacht in Ihrem Kopf und in Ihren Träumen bleiben und mit dem Universum verbunden sein. Das Universum wird beginnen, alle Situationen, Umstände und Dinge in perfekter Reihenfolge zu mobilisieren, damit Sie Ihr Ziel erreichen können. Für andere werden sie alle wie Zufälle aussehen, aber Sie wissen, dass Sie mit jedem Schritt Ihrem Ziel näher kommen. Aufgrund Ihrer Gedanken, Überzeugungen und Gefühle kommen Sie Ihrem Endziel näher.

Wenn Sie morgens aufstehen, müssen Sie sich glücklich und dankbar gegenüber dem Universum fühlen, dass es Ihnen das gegeben hat, worum Sie im Ziel gebeten haben. Das Gefühl der Dankbarkeit und Freude wird Sie in einem positiven Geisteszustand halten und Ihnen helfen, mehr von dem, was Sie sich wünschen, in Ihr Leben zu ziehen.

Indem Sie der Hook-Methode folgen, können Sie die Kraft des Gesetzes der Anziehung nutzen und Fülle und Wohlstand in Ihr Leben ziehen. Mit Übung und Beharrlichkeit können Sie eine Einstellung zu Reichtum und Geld entwickeln, die Ihnen hilft, Ihre Ziele zu erreichen und das Leben Ihrer Träume zu leben.

F. Wenn Sie Ihre Zukunft vorhersagen möchten, definieren Sie sie.

Es ist wichtig zu wissen, wo Sie sind und was Sie hierher geführt hat. Lassen Sie uns jetzt einen Schritt nach vorne machen und über Ihren Punkt B sprechen. Wo möchten Sie landen? Wie sieht Ihr ideales Leben aus? Um Ihre Zukunft vorherzusagen, müssen Sie sie definieren. Ich hatte einen Mentor, der einmal sagte: „Wenn Sie Ihre Zukunft vorhersagen wollen, definieren Sie sie", und diese Worte sind mir seitdem in Erinnerung geblieben. Dies ist Ihre Chance, Ihre Zukunft im Detail zu definieren. In was für einem Haus möchten Sie wohnen und wie viele Schlafzimmer hat es? Welche Farbe hat es und wie riecht es morgens? Können Sie das Rauschen des Ozeans oder das Zwitschern der Vögel vor Ihrem Haus in den Bergen hören? Wie sieht Ihr Auto in der Einfahrt aus? Wie viel Zeit werden Sie mit Ihrem Geschäft verbringen und wie viel Zeit werden Sie zu Hause verbringen? Bringst du die Kinder zur Schule, gehst ins Fitnessstudio oder meditierst du mit Yoga?

Je mehr Details Sie aufschreiben, desto klarer werden Sie verstehen, was Sie wollen, und das Universum wird besser darauf vorbereitet sein, Ihnen dabei zu helfen, dorthin zu gelangen. Sie müssen so spezifisch und detailliert wie möglich sein, um das gewünschte Ergebnis zu erzielen. Bei dieser Übung geht es darum, ein lebendiges Bild Ihres idealen Lebens zu zeichnen, und sie wird Ihnen dabei helfen, einen Entwurf für Ihren Lebensweg zu erstellen. Stellen Sie sich Ihr Traumleben vor, als wäre es ein Film, mit Ihnen als Hauptfigur, der das Leben führt, das Sie sich immer gewünscht haben. Sie müssen von ganzem Herzen an diese Vision glauben, als ob sie bereits real wäre.

Sie haben vielleicht Zweifel und Ängste, aber wenn Sie sich das Leben vorstellen, das Sie sich wünschen, werden Sie anfangen zu glauben, dass es möglich ist. Sie werden damit beginnen, die notwendigen Schritte zu unternehmen, um es Wirklichkeit werden zu lassen. Der Schlüssel liegt darin, sich auf Ihre Vision zu konzentrieren und in den Prozess zu vertrauen. Halten Sie Ihre Gedanken positiv und lassen Sie all das Gute zu, das auf Sie zukommt. Die Kraft positiver Affirmationen ist real und wird Ihnen helfen, Ihre Ziele schneller zu erreichen, als Sie es jemals für möglich gehalten hätten.

Jetzt ist es an der Zeit, Ihre Vision in Worte zu fassen. Schreiben Sie jedes Detail Ihres perfekten Tages auf, vom Aufwachen bis zum Schlafengehen. Seien Sie spezifisch und detailliert, denn so können Sie einen Fahrplan für Ihr gewünschtes Ergebnis erstellen. Diese Übung hilft Ihnen auch, motiviert und konzentriert zu bleiben, auch wenn es schwierig wird. Denken Sie daran, dass jede Erfolgsgeschichte mit einer Vision beginnt und es an Ihnen liegt, Ihre Vision zu verwirklichen. Definieren Sie Ihre Zukunft und beobachten Sie, wie sich das Universum verschworen hat, um sie Wirklichkeit werden zu lassen.

Kapitel 7. Bittet und ihr werdet empfangen.

Das Gesetz der Anziehung ist eine mächtige Kraft, die unsere Wünsche verwirklichen kann, aber es erfordert, dass wir handeln und um das bitten, was wir wollen. Es wird gesagt, dass das Universum ständig auf unsere Gedanken und Gefühle hört, und wenn wir positive Energie ausstrahlen und um das bitten, was wir wollen, antwortet das Universum in gleicher Weise.

Zu fragen, was wir wollen, mag wie ein einfaches Konzept erscheinen, aber viele von uns haben damit Schwierigkeiten. Wir haben möglicherweise Angst vor Ablehnung oder haben das Gefühl, dass wir nicht verdienen, was wir wollen. Es ist jedoch wichtig, sich daran zu erinnern, dass wir unserer Wünsche würdig sind und dass die Bitte um das, was wir wollen, ein entscheidender Schritt bei der Verwirklichung unserer Träume ist.

Eine der effektivsten Möglichkeiten, nach dem zu fragen, was wir wollen, ist die Visualisierung. Bei der Visualisierung geht es darum, sich unser gewünschtes Ergebnis im Detail vorzustellen und das Gefühl zu haben, als ob es bereits eingetreten wäre. Wenn wir unsere Wünsche visualisieren, stellen wir eine starke emotionale Verbindung zu ihnen her und diese Energie zieht mehr von dem, was wir wollen, in unser Leben.

Eine weitere wirksame Möglichkeit, um das zu bitten, was wir wollen, sind Affirmationen. Affirmationen sind positive Aussagen, die wir uns selbst wiederholen, um unsere Überzeugungen und Wünsche zu stärken. Indem wir unsere Wünsche so äußern, als wären sie bereits geschehen, verändern wir unsere Denkweise hin zu einer des Überflusses und ziehen mehr von dem, was wir wollen, in unser Leben.

Es ist auch wichtig, Maßnahmen zur Verwirklichung unserer Ziele zu ergreifen. Das Universum reagiert auf unsere Energie und Anstrengung, daher müssen wir bereit sein, Arbeit zu investieren, um unsere Wünsche zu verwirklichen. Das bedeutet, jeden Tag kleine Schritte in Richtung unserer Ziele zu unternehmen, auch wenn diese zunächst unbedeutend erscheinen. Diese kleinen Aktionen erzeugen Schwung und bieten uns mehr Gelegenheiten, unsere Wünsche zu verwirklichen.

Es ist jedoch wichtig, sich daran zu erinnern, dass die Bitte um das, was wir wollen, keine Garantie dafür ist, dass wir es auch bekommen. Manchmal hat das Universum einen anderen Plan für uns, oder wir sind vielleicht noch nicht bereit für unsere Wünsche. Wenn dies geschieht, ist es wichtig, dem

Prozess zu vertrauen und darauf zu vertrauen, dass alles zu unserem höchsten Wohl verläuft.

Zusammenfassend lässt sich sagen, dass die Frage nach dem, was wir wollen, ein entscheidender Schritt bei der Verwirklichung unserer Träume ist. Es erfordert, dass wir unsere Denkweise auf Fülle umstellen, Maßnahmen ergreifen, um unsere Ziele zu erreichen, und in den Prozess vertrauen. Indem wir Visualisierungen, Affirmationen nutzen und jeden Tag kleine Schritte unternehmen, können wir mehr von dem, was wir wollen, in unser Leben ziehen und ein Leben schaffen, das wir lieben. Denken Sie daran, dass das Universum ständig zuhört. Bitten Sie also und Sie werden empfangen.

Glauben, um etwas zu erreichen: Wie Mike seinen Traum durch die Kraft des Bittens in die Realität umsetzte

Mike hatte jahrelang in einem Unternehmen gearbeitet und fühlte sich festgefahren und unerfüllt. Er hatte immer davon geträumt, ein eigenes Unternehmen zu gründen und sein eigener Chef zu sein, aber er wusste nicht, wo er anfangen sollte. Eines Tages stieß er zufällig auf einen Artikel über Software as a Service (SaaS) und wie es Unternehmen bei der Automatisierung und dem Wachstum helfen könnte. Da kam ihm eine Idee: Was wäre, wenn er ein SaaS-Produkt entwickeln würde, das kleinen Unternehmen helfen würde, ihre Prozesse zu automatisieren und mehr Geld zu verdienen?

Mike wusste, dass er einen langen Weg vor sich hatte, aber er war entschlossen, es zu schaffen. Er verbrachte unzählige Stunden damit, alles über SaaS und die Entwicklung eines erfolgreichen Produkts zu recherchieren und zu lernen. Er begann auch, sich zu vernetzen und an Veranstaltungen teilzunehmen, um Gleichgesinnte zu treffen, die ihm helfen könnten, seine Vision zum Leben zu erwecken.

Eines Tages bot sich Mike die Gelegenheit, mit einem talentierten Softwareentwickler zusammenzuarbeiten. Mit seiner Hilfe konnte Mike eine Website erstellen, die ein SaaS-Produkt anbot, das einfach zu bedienen und für kleine Unternehmen erschwinglich war. Er steckte sein ganzes Herzblut in das Projekt und arbeitete unermüdlich daran, seinen Erfolg sicherzustellen.

Auf dem Weg dorthin gab es viele Herausforderungen, aber Mike konzentrierte sich weiterhin auf das Endziel. Er glaubte, dass sein Produkt für kleine Unternehmen von entscheidender Bedeutung sein würde und dass es mehr als nur seinen Job generieren würde, was es ihm ermöglichen würde, aufzuhören und seinen Traum, Vollzeitunternehmer zu sein, zu verwirklichen.

Nach Monaten harter Arbeit und Hingabe wurde Mikes Website endlich gestartet. Er begann, es aggressiv zu vermarkten, und bald stellte er fest, dass sich ein stetiger Strom von Benutzern anmeldete. Im Laufe der Zeit wuchs seine Nutzerbasis und seine Website wurde zur bevorzugten Plattform für kleine Unternehmen, die ihre Prozesse automatisieren und ihren Umsatz steigern möchten.

Dank seiner Beharrlichkeit und seinem Glauben an seine Vision hat Mikes Website innerhalb eines Jahres mehr als nur seinen Job gemacht. Er wusste, dass es an der Zeit war, den Schritt zu wagen und seinen Job zu kündigen, um sich ganz auf sein Geschäft zu konzentrieren. Es war eine beängstigende Entscheidung, aber er hatte Vertrauen in sich selbst und sein Produkt.

Heute ist Mike ein erfolgreicher Unternehmer, der sein eigenes Unternehmen leitet und kleinen Unternehmen auf der ganzen Welt hilft. Er ist dankbar für die Gelegenheit, seinen Traum in die Realität umzusetzen, und für die Kraft des Bittens und Glaubens.

Zusammenfassend zeigt uns Mikes Geschichte, wie wichtig es ist, nach dem zu fragen, was man will, und daran zu glauben, dass es möglich ist. Wenn wir eine klare Vision haben und hart auf unsere Ziele hinarbeiten, hat das Universum die Möglichkeit, sich darauf auszurichten, uns dabei zu helfen, diese Ziele zu erreichen. Es ist wichtig, sich auf das Endziel zu konzentrieren, auch wenn man mit Herausforderungen und Rückschlägen konfrontiert wird, und Vertrauen in uns selbst und unsere Fähigkeiten zu haben.

Kapitel 8 : Handlungsrüstung – Der unzerbrechliche Schild Ihrer Lebensgeschichte

In jeder Geschichte gibt es immer einen Helden, der auf seiner Reise Herausforderungen, Widersachern und Hindernissen gegenübersteht. Diese Herausforderungen können in Form von mächtigen Feinden, gefährlichen Monstern, erbitterten Kriegen oder schlimmen Umständen bestehen, die unüberwindbar scheinen. Doch allen Widrigkeiten zum Trotz geht der Held als Sieger, unversehrt und triumphierend hervor. Haben Sie sich jemals gefragt, wie das möglich ist? Wie kommt es, dass es dem Helden stets gelingt, unversehrt zu entkommen oder scheinbar unmögliche Situationen zu meistern?

Die Antwort liegt im Konzept der „Plotrüstung". Genau wie in einem Roman oder einer Geschichte, in der der Protagonist durch einen unsichtbaren Schild geschützt wird, der ihn vor Schaden bewahrt, haben auch Sie in Ihrer eigenen Lebensgeschichte eine Handlungsrüstung. Es ist eine mächtige Kraft, die Sie vor jedem Schaden und jeder Gefahr schützt, die auf Sie zukommen könnte.

Nehmen wir das Beispiel der berühmten Romanfigur Harry Potter. Als kleines Kind erlebte er viele lebensbedrohliche

Situationen durch Lord Voldemort, einen der mächtigsten dunklen Zauberer aller Zeiten. Trotz seiner Verletzlichkeit und mangelnden Erfahrung gelang es Harry Potter jedoch immer, unverletzt zu entkommen. Dies lässt sich auf die Handlungsrüstung zurückführen, die JK Rowling, die Autorin der Harry-Potter-Reihe, für ihre Figur angefertigt hat. Es war ein unsichtbarer Schutzschild, der Harry Potter vor jeglichem Schaden schützte und sicherstellte, dass er überlebte und letztendlich als Sieger hervorging.

Ebenso sind Sie Regisseur und Autor Ihrer eigenen Lebensgeschichte. Sie haben die Macht, Ihre eigene Handlungsrüstung zu erschaffen, einen Schutzschild, der Sie vor allen Herausforderungen und Hindernissen schützt, die auf Sie zukommen könnten. Mit diesem unzerbrechlichen Schutzschild können Sie die Herausforderungen des Lebens selbstbewusst meistern und wissen, dass Sie unbesiegbar sind und Ihnen nichts schaden kann.

Aber wie glauben Sie, dass Sie in Ihrem Leben eine Handlungsrüstung haben? Wie macht man es unbesiegbar? Alles beginnt mit Ihrer Denkweise und Perspektive. Sie müssen Ihr Glaubenssystem ändern und eine positive Denkweise annehmen, die Herausforderungen als Chancen für Wachstum und Verbesserung betrachtet. Betrachten Sie Hindernisse nicht als Bedrohung, sondern als Sprungbrett für Ihren Erfolg. Seien

Sie davon überzeugt, dass jedes Problem, mit dem Sie konfrontiert sind, Ihnen tatsächlich mehr Kraft verleiht und Sie zu einer besseren Version Ihrer selbst macht.

Nehmen wir zum Beispiel an, Sie erleiden bei der Arbeit einen Rückschlag, etwa weil ein Projekt nicht wie geplant verläuft oder Sie mit der Kritik Ihrer Kollegen konfrontiert werden. Anstatt sich besiegt zu fühlen, erinnern Sie sich daran, dass dieser Rückschlag nur eine vorübergehende Herausforderung ist, die Sie letztendlich stärker und weiser machen wird. Nutzen Sie die Gelegenheit, aus der Erfahrung zu lernen, Ihre Fähigkeiten zu verbessern und noch belastbarer zurückzukommen.

Wenn Sie in Ihrem Privatleben mit einer schwierigen Situation wie einer Trennung, einem Verlust oder einem gesundheitlichen Problem konfrontiert sind, denken Sie daran, dass Sie über einen Handlungsschutz verfügen, der Sie beschützt. Vertrauen Sie darauf, dass Sie die innere Stärke und Belastbarkeit haben, um alle Widrigkeiten zu überwinden und auf der anderen Seite noch gestärkt daraus hervorzugehen.

Es ist wichtig zu beachten, dass eine Handlungsrüstung nicht bedeutet, dass Sie niemals auf Herausforderungen oder Schwierigkeiten stoßen werden. Das Leben ist voller Höhen und Tiefen und jeder steht irgendwann vor Hindernissen. Was Sie jedoch von anderen unterscheidet, ist die Art und Weise, wie Sie diese Herausforderungen wahrnehmen und darauf reagieren. Wenn Sie glauben, dass Sie über eine Handlungsrüstung verfügen, ändern Sie Ihre Perspektive von der Opferrolle hin zur Ermächtigung. Sie sehen Herausforderungen nicht mehr als Hindernisse, sondern als Chancen für Wachstum und Selbstverbesserung.

Darüber hinaus bedeutet eine Handlungsrüstung nicht, dass Sie angesichts von Herausforderungen selbstgefällig oder passiv werden. Das bedeutet nicht, dass Sie sich zurücklehnen und darauf warten, dass die Dinge auf magische Weise klappen. Das bedeutet, dass Sie proaktive Schritte unternehmen, um Herausforderungen mit Belastbarkeit, Entschlossenheit und einer positiven Einstellung zu meistern. Sie werden zum Helden Ihrer eigenen Geschichte, übernehmen die Verantwortung für Ihr Leben und treffen Entscheidungen, die mit Ihrem gewünschten Ergebnis übereinstimmen.

So wie ein erfahrener Autor sorgfältig den Handlungsrahmen für seine Charaktere anfertigt, können auch Sie den Handlungsrahmen für Ihre eigene Lebensgeschichte bewusst erstellen und stärken. Hier sind einige praktische Schritte, die Sie unternehmen können, um Ihren Glauben an Ihre Handlungsrüstung zu stärken und sie unbesiegbar zu machen:

Kultivieren Sie eine positive Denkweise: Ihre Denkweise spielt eine entscheidende Rolle bei der Gestaltung Ihrer Realität. Entscheiden Sie sich für eine positive Denkweise, die sich auf Möglichkeiten, Lösungen und Wachstum konzentriert. Trainieren Sie Ihren Geist, Herausforderungen als Chancen zum Lernen und zur Verbesserung zu sehen und nicht als Bedrohungen. Umgeben Sie sich mit positiven Einflüssen, üben Sie sich in Dankbarkeit und bestätigen Sie sich mit stärkenden Überzeugungen.

Setzen Sie klare Absichten: Machen Sie sich klar, was Sie in Ihrem Leben erreichen möchten, und legen Sie Absichten fest, die Ihren Wünschen entsprechen. Schreiben Sie Ihre Ziele auf, stellen Sie sich vor, wie Sie sie erreichen, und ergreifen Sie inspirierte Maßnahmen, um sie zu erreichen. Wenn Sie ein klares Gespür für das Ziel und die Richtung haben, stärken Sie Ihre Handlung, indem Sie ihr ein solides Fundament geben, auf dem Sie aufbauen können.

Vertrauen Sie Ihrer inneren Weisheit: Sie besitzen eine angeborene Weisheit in sich, die weiß, was für Sie am besten ist. Lernen Sie, Ihrer Intuition und inneren Führung zu vertrauen. Hören Sie auf Ihr Bauchgefühl, achten Sie auf Synchronizitäten und vertrauen Sie darauf, dass sich das Universum immer zu Ihren Gunsten verschworen hat. Wenn Sie Ihrer inneren Weisheit vertrauen, stärken Sie Ihre

Handlungsrüstung, indem Sie eine höhere Macht nutzen, die Sie führt und beschützt.

Resilienz annehmen: Resilienz ist die Fähigkeit, sich von Herausforderungen und Rückschlägen zu erholen. Berücksichtigen Sie Belastbarkeit als Schlüsselqualität Ihrer Handlungsrüstung. Anstatt sich von Misserfolgen oder Rückschlägen entmutigen zu lassen, betrachten Sie sie als Gelegenheiten, zu lernen, zu wachsen und noch stärker daraus hervorzugehen. Fördern Sie Ihre Widerstandsfähigkeit, indem Sie Bewältigungsstrategien entwickeln, Selbstfürsorge üben und sich mit einem unterstützenden Netzwerk umgeben.

Üben Sie die Visualisierung: So wie ein Autor das gewünschte Ergebnis für seine Charaktere visualisiert, üben Sie, sich selbst als Held Ihrer eigenen Geschichte zu visualisieren. Sehen Sie, wie Sie Herausforderungen meistern, Ihre Ziele erreichen und als Sieger hervorgehen. Benutzen Sie alle Ihre Sinne, um sich ein lebendiges geistiges Bild Ihrer gewünschten Realität zu machen. Je mehr Sie sich mit einer unbesiegbaren Handlungsrüstung vorstellen, desto mehr verstärken Sie diesen Glauben in Ihrem Unterbewusstsein.

Ergreifen Sie inspirierte Maßnahmen: Ihre Handlungsrüstung bedeutet nicht, dass Sie sich zurücklehnen und darauf warten, dass etwas passiert. Es bedeutet, dass Sie inspirierte Maßnahmen ergreifen, um Ihre Ziele zu erreichen, und darauf vertrauen, dass Ihre Handlungsstrategie Sie auf Ihrem Weg führt und beschützt. Ergreifen Sie proaktiv Schritte, die Ihren Absichten entsprechen, und gehen Sie mit Entschlossenheit und Ausdauer weiter.

Umgeben Sie sich mit unterstützenden Menschen: So wie der Protagonist in einer Geschichte oft über unterstützende Charaktere verfügt, umgeben Sie sich mit Menschen, die an Sie glauben, Ihre Träume unterstützen und Ihre Stimmung heben. Vermeiden Sie negative Einflüsse oder toxische Beziehungen, die Ihnen Energie rauben oder Ihren Glauben an Ihre Handlungsrüstung schwächen. Wenn Sie sich mit positiven und unterstützenden Menschen umgeben, stärken Sie Ihre Handlungsfähigkeit, indem Sie ein unterstützendes Umfeld schaffen.

Zusammenfassend lässt sich sagen: So wie ein Handlungsschutz den Helden einer Geschichte vor allen Widersachern, Herausforderungen und Hindernissen schützt, verfügen auch Sie über einen Handlungsschutz in Ihrer eigenen Lebensgeschichte. Es ist ein unzerbrechlicher Schutzschild, der Sie vor Schaden schützt, Sie durch Herausforderungen führt und Sie dazu befähigt, eine stärkere und bessere Version Ihrer selbst zu werden. Indem Sie eine positive Denkweise pflegen, klare Absichten setzen, Ihrer inneren Weisheit vertrauen, Widerstandsfähigkeit annehmen, Visualisierung üben, inspirierte Maßnahmen ergreifen und sich mit unterstützenden Menschen umgeben, können Sie Ihren Glauben an Ihre Handlungsrüstung stärken und sie unbesiegbar machen. Denken Sie daran, dass Sie der Regisseur und Autor Ihrer eigenen Lebensgeschichte sind und mit einem unerschütterlichen Glauben an Ihre Handlungsrüstung jede Herausforderung meistern, Ihre Träume verwirklichen und ein Leben voller Erfolg und Erfüllung schaffen können. Vertrauen Sie auf Ihre Handlungsrüstung und lassen Sie sie Ihr unzerbrechlicher Schutzschild sein

Kapitel 9 . Affirmationen und positive Selbstgespräche

A. Was sind Affirmationen und positive Selbstgespräche?

Affirmationen und positive Selbstgespräche sind wirksame Werkzeuge zur Gestaltung Ihrer Gedanken und Überzeugungen. Affirmationen sind positive Aussagen, die Sie sich selbst wiederholen, normalerweise über ein bestimmtes Ziel oder einen bestimmten Wunsch. Positive Selbstgespräche beziehen sich auf den inneren Dialog, den Sie täglich mit sich selbst führen. Sowohl Affirmationen als auch positive Selbstgespräche sollen Ihnen dabei helfen, sich auf Ihre Ziele zu konzentrieren und positive Überzeugungen und Einstellungen zu stärken.

B. Wie man Affirmationen und positive Selbstgespräche nutzt

Identifizieren Sie Ihre Ziele und Wünsche: Beginnen Sie damit, Ihre Ziele und Wünsche zu identifizieren. Was möchten Sie in Ihrem Leben erreichen? Was sind Ihre Grundwerte und Überzeugungen?

Erstellen Sie positive Affirmationen: Erstellen Sie Affirmationen, die Ihren Zielen und Wünschen entsprechen. Stellen Sie sicher, dass die Affirmationen im Präsens verfasst sind und konzentrieren Sie sich auf das, was Sie erreichen möchten, und nicht auf das, was Sie nicht wollen.

Wiederholen Sie Ihre Affirmationen täglich: Wiederholen Sie Ihre Affirmationen mehrmals am Tag, entweder laut oder leise in Gedanken. Wiederholen Sie sie beim Aufwachen, vor dem Schlafengehen und den ganzen Tag über.

Üben Sie positive Selbstgespräche: Achten Sie auf den inneren Dialog, den Sie mit sich selbst führen, und bemühen Sie sich bewusst, negative Selbstgespräche durch positive Selbstgespräche zu ersetzen. Formulieren Sie negative Gedanken und Überzeugungen in positive, stärkende Aussagen um.

Gefühle: Fühlen Sie sich an Ihre Affirmationen gebunden, wann immer Sie sprechen oder Ihre Informationen wiederholen. Stellen Sie immer sicher, dass beim Sprechen ein Höchstmaß an Gefühlen und Überzeugungen damit verbunden sind, sodass Sie diese Affirmationen mit den tiefstmöglichen Gefühlen wiederholen müssen. Fühlen Sie es in Ihrem Herzen. Fühlen Sie es In deinem Kopf, deiner Seele musst du fühlen, was du sagst, und an das glauben, was du sagst, und wenn du den starken Glauben und Glauben an das hast, was du immer und immer wieder wiederholst, und glauben, dass es in diesem Fall bereits geschehen ist Sie werden es manifestieren und auf jeden Fall bekommen, was Sie wollen. Am Anfang wird es falsch klingen, aber machen Sie weiter und langsam wird es sich für Sie natürlich anfühlen.

Sie können Ihr Telefon nehmen und mit der Aufnahme einer Audioaufnahme auf Ihrem Telefon beginnen, um die Informationen zu erhalten. So können Sie Ihre Informationen aufzeichnen und sie nach der Aufzeichnung innerhalb von 90 Minuten ab dem Zeitpunkt, zu dem Sie gehen, abspielen. In den ersten 90 Minuten ist Ihr Gehirn noch aktiv und kann alles hören, was gesagt wird. Wenn Sie dies also innerhalb der ersten 90 Minuten Ihres Schlafs spielen, können Sie es hören und Ihr Unterbewusstsein wird es hören Sie können hören, was Sie sagen, sodass Sie Ihre Informationen im Schlaf wiederholen können. Diese werden von Ihrem Unterbewusstsein aufgezeichnet und helfen Ihnen beim Manifestationsprozess.

C. Die Vorteile von Affirmationen und positivem Selbstgespräch

Verbesserte Konzentration und Motivation: Indem Sie sich durch Affirmationen und positive Selbstgespräche auf Ihre Ziele und Wünsche konzentrieren, können Sie Ihre Konzentration und Motivation für das Erreichen Ihrer Ziele steigern.

Erhöhtes Selbstvertrauen: Durch das Wiederholen positiver Affirmationen und das Üben positiver Selbstgespräche können Sie Ihr Selbstvertrauen und Selbstvertrauen stärken und es so einfacher machen, Maßnahmen zur Erreichung Ihrer Ziele zu ergreifen.

Verbesserte psychische Gesundheit: Affirmationen und positive Selbstgespräche können dazu beitragen, Stress und Ängste abzubauen und so Ihre allgemeine psychische Gesundheit und Ihr Wohlbefinden zu verbessern.

Veränderte Denkweise: Regelmäßige Affirmationen und positive Selbstgespräche können dazu beitragen, Ihre Denkweise und Überzeugungen zu ändern, sodass Sie Ihre Wünsche leichter zum Ausdruck bringen und Ihre Ziele erreichen können.

D. Schlussfolgerung

Affirmationen und positive Selbstgespräche sind wirkungsvolle Werkzeuge zur Gestaltung Ihrer Gedanken und Überzeugungen und können Ihnen dabei helfen, sich auf Ihre

Ziele zu konzentrieren und Ihre Wünsche zu verwirklichen. Machen Sie Affirmationen und positive Selbstgespräche zur täglichen Gewohnheit und beobachten Sie, wie sich Ihr Leben zum Besseren verändert. Denken Sie daran, dass die Worte, die Sie zu sich selbst sprechen, die Macht haben, Ihre Realität zu formen. Stellen Sie also sicher, dass Sie Worte der Positivität, Ermächtigung und des Erfolgs sagen.

Kapitel 10 . Erstellen Sie kraftvolle Affirmationen für Wohlstand und Erfolg

A. Was sind Affirmationen für Reichtum und Erfolg?

Affirmationen für Wohlstand und Erfolg sind spezifische, positive Aussagen, die Sie sich selbst wiederholen und die Ihnen dabei helfen sollen, mehr Wohlstand und Erfolg in Ihr Leben zu bringen. Diese Affirmationen helfen dabei, Ihre Gedanken und Überzeugungen auf Ihre finanziellen Ziele und Wünsche zu konzentrieren, sodass Sie Fülle und Wohlstand in Ihrem Leben manifestieren können.

B. Wie man wirkungsvolle Affirmationen für Wohlstand und Erfolg herstellt

Identifizieren Sie Ihre finanziellen Ziele und Wünsche: Beginnen Sie damit, Ihre finanziellen Ziele und Wünsche zu identifizieren. Was möchten Sie in Bezug auf Wohlstand und Erfolg erreichen? Wie definieren Sie finanzielle Freiheit?

Machen Sie Affirmationen spezifisch und persönlich: Erstellen Sie Affirmationen, die speziell auf Ihre finanziellen Ziele und Wünsche zugeschnitten sind. Stellen Sie sicher, dass die Affirmationen im Präsens geschrieben sind und konzentrieren Sie sich auf das, was Sie haben, und nicht auf das, was Sie nicht haben.

Verwenden Sie eine positive, stärkende Sprache: Verwenden Sie in Ihren Affirmationen eine positive, stärkende Sprache. Vermeiden Sie negative Wörter wie „nicht", „kann nicht" oder „wird nicht". Verwenden Sie stattdessen Wörter wie „Ich bin", „Ich habe" und „Ich werde".

Wiederholen Sie Ihre Affirmationen täglich: Wiederholen Sie Ihre Affirmationen mehrmals am Tag, entweder laut oder leise in Gedanken. Wiederholen Sie sie beim Aufwachen, vor dem Schlafengehen und den ganzen Tag über.

C. Beispiele für Affirmationen für Reichtum und Erfolg

„Ich ziehe Fülle und Wohlstand in mein Leben."

„Ich bin ein erfolgreicher und wohlhabender Mensch."

„Ich bin in der Lage, unbegrenzten Reichtum zu generieren."

„Ich verdiene finanzielle Freiheit und Erfolg."

„Ich habe ein erfolgreiches und florierendes Unternehmen."

D. Die Vorteile von Affirmationen für Wohlstand und Erfolg

Verbesserte Konzentration und Motivation: Indem Sie sich durch Affirmationen auf Ihre finanziellen Ziele und Wünsche konzentrieren, können Sie Ihre Konzentration und Motivation für den finanziellen Erfolg steigern.

Gesteigertes Selbstvertrauen: Indem Sie positive Affirmationen über Reichtum und Erfolg wiederholen, können Sie Ihr Selbstvertrauen und Selbstvertrauen stärken und es so einfacher machen, Maßnahmen zur Verwirklichung Ihrer finanziellen Ziele zu ergreifen.

Veränderte Denkweise: Regelmäßige Bestätigungen für Wohlstand und Erfolg können dazu beitragen, Ihre Denkweise und Überzeugungen zu ändern und es einfacher zu machen, Fülle und Wohlstand in Ihrem Leben zu manifestieren.

Anziehung von Reichtum und Erfolg: Indem Sie Affirmationen für Reichtum und Erfolg wiederholen, können Sie mehr Reichtum und Erfolg in Ihr Leben locken und so Ihre finanziellen Ziele und Wünsche erreichen.

E. Fazit

Affirmationen für Wohlstand und Erfolg sind wirkungsvolle Werkzeuge, um Ihre Gedanken und

Überzeugungen über Ihre finanzielle Zukunft zu formen. Machen Sie Affirmationen für Wohlstand und Erfolg zur täglichen Gewohnheit und beobachten Sie, wie sich Ihre finanzielle Situation verbessert. Denken Sie daran, dass die Worte, die Sie zu sich selbst sagen, die Macht haben, Ihre finanzielle Realität zu prägen. Stellen Sie also sicher, dass Sie Worte des Überflusses, des Wohlstands und des Erfolgs sagen.

Kapitel 1 1 . Integrieren Sie Affirmationen in Ihren Alltag

A. Die Kraft täglicher Affirmationen verstehen

Tägliche Affirmationen haben die Kraft, Ihre Gedanken, Überzeugungen und Handlungen zu formen und es Ihnen zu ermöglichen, mehr Wohlstand und Erfolg in Ihr Leben zu bringen. Indem Sie Affirmationen für Reichtum und Erfolg regelmäßig wiederholen, können Sie Ihr Gehirn trainieren, sich auf Ihre finanziellen Ziele und Wünsche zu konzentrieren, was es einfacher macht, Fülle und Wohlstand zu manifestieren.

B. Affirmationen in Ihren Alltag integrieren

Machen Sie Affirmationen zu einem Morgenritual: Beginnen Sie Ihren Tag mit Affirmationen für Wohlstand und Erfolg. Wiederholen Sie sie beim ersten Aufwachen, bevor Sie Ihren Tag beginnen.

Wiederholen Sie Affirmationen den ganzen Tag über: Wiederholen Sie Ihre Affirmationen den ganzen Tag über, entweder laut oder leise in Gedanken. Wiederholen Sie sie, wenn Sie sich gestresst oder ängstlich fühlen, im Stau stecken oder in der Schlange stehen.

Nutzen Sie Affirmationen als eine Form des Selbstgesprächs: Nutzen Sie Affirmationen als eine Form des positiven Selbstgesprächs. Anstatt negative Gedanken zu sich selbst zu äußern, sprechen Sie positive Affirmationen für Wohlstand und Erfolg aus.

Schreiben Sie Affirmationen auf: Schreiben Sie Ihre Affirmationen auf und platzieren Sie sie an Orten, an denen Sie sie häufig sehen, beispielsweise in Ihrem Büro oder im Auto. Dies wird dazu beitragen, Ihre Affirmationen zu stärken und Ihre finanziellen Ziele und Wünsche im Auge zu behalten.

C. Die Vorteile täglicher Affirmationen

Verbesserte Konzentration und Motivation: Indem Sie sich durch tägliche Affirmationen auf Ihre finanziellen Ziele und Wünsche konzentrieren, können Sie Ihre Konzentration und Motivation für den finanziellen Erfolg steigern.

Erhöhtes Selbstvertrauen: Indem Sie täglich positive Affirmationen für Wohlstand und Erfolg wiederholen, können Sie Ihr Selbstvertrauen und Selbstvertrauen stärken und es so einfacher machen, Maßnahmen zur Verwirklichung Ihrer finanziellen Ziele zu ergreifen.

Veränderte Denkweise: Tägliche Bestätigungen für Wohlstand und Erfolg können dazu beitragen, Ihre Denkweise und Überzeugungen zu ändern und es einfacher zu machen, Fülle und Wohlstand in Ihrem Leben zu manifestieren.

Anziehung von Reichtum und Erfolg: Durch das tägliche Wiederholen von Affirmationen für Reichtum und Erfolg können Sie mehr Reichtum und Erfolg in Ihr Leben locken und so Ihre finanziellen Ziele und Wünsche erreichen.

D. Schlussfolgerung

Affirmationen in Ihren Alltag zu integrieren ist eine einfache, aber wirksame Möglichkeit, mehr Wohlstand und Erfolg in Ihr Leben zu bringen. Machen Sie Affirmationen für Wohlstand und Erfolg zur täglichen Gewohnheit und beobachten Sie, wie sich Ihre finanzielle Situation verbessert. Denken Sie daran, dass die Worte, die Sie zu sich selbst sagen, die Macht haben, Ihre finanzielle Realität zu prägen. Stellen Sie also sicher, dass Sie Worte des Überflusses, des Wohlstands und des Erfolgs sagen.

E. Die Kraft der Affirmationen: Wie ein Mann sein Leben veränderte

James war schon immer das schwarze Schaf seiner Familie gewesen. Er hatte Mühe, in der Schule hervorragende Leistungen zu erbringen, und konnte keinen guten Job bekommen wie seine Freunde. Er lebte bis weit in seine Dreißiger bei seinen Eltern und kam mit mageren Gehaltsschecks aus. Sein Selbstwertgefühl war so niedrig wie nie zuvor und er fühlte sich wie ein Versager. Doch eines Tages stolperte er über das Gesetz der Anziehung und die Kraft von Affirmationen. Er begann damit, die perfekte Bestätigung für sich selbst zu finden, die ihm helfen würde, seine Träume zu verwirklichen: ein erfolgreicher Geschäftsinhaber zu werden, ein Haus zu besitzen und einen Partner zu finden.

Jeden Abend vor dem Schlafengehen wiederholte John seine Aussage in Gedanken und stellte sich vor, dass er der erfolgreiche Besitzer eines profitablen Unternehmens mit vielen Mitarbeitern sei. Er stellte sich auch vor, ein schönes Haus zu besitzen und mit einem liebevollen Partner verheiratet zu sein. Er tat dies mehrere Wochen lang, ohne irgendwelche Ergebnisse zu sehen, aber er machte weiter und vertraute darauf, dass das Universum ihm bringen würde, was er wollte.

Eines Tages begannen sich die Dinge zu ändern. James' Chef bemerkte seine positive Einstellung und Arbeitsmoral und wurde befördert. Durch das zusätzliche Einkommen konnte er genug Geld sparen, um sein eigenes Unternehmen zu gründen. Er wagte den Schritt des Vertrauens und sein Geschäft begann von Anfang an zu florieren. Er konnte nicht glauben, wie schnell sich die Dinge fügten.

Als sein Unternehmen wuchs, konnte James ein eigenes Haus kaufen und fand sogar eine Freundin, die seine Leidenschaften und Werte teilte. Sie verliebten sich und heirateten, und James hatte endlich das Gefühl, sein Leben sei vollständig. Er war nicht länger das schwarze Schaf seiner Familie. Er hatte sich den Respekt seiner Kollegen erworben und war ein erfolgreicher Geschäftsinhaber.

All dies war dank der Kraft der Affirmationen möglich. Indem er seinen Geist auf das konzentrierte, was er erreichen wollte, und daran glaubte, dass es möglich war, konnte James Erfolg und Fülle in sein Leben bringen. Endlich hatte er sein wahres Potenzial entdeckt und lebte das Leben, von dem er immer geträumt hatte.

Kapitel 1 2 . Zielsetzung und Aktionsplanung

A. Die Bedeutung der Zielsetzung verstehen

Das Setzen von Zielen ist ein wesentlicher Aspekt des Gesetzes der Anziehung, da es Ihnen hilft, Ihre Gedanken, Überzeugungen und Handlungen auf Ihre finanziellen Ziele und Wünsche auszurichten. Wenn Sie sich klare und konkrete finanzielle Ziele setzen, geben Sie Ihrem Unterbewusstsein eine klare Richtung vor, auf die es hinarbeiten kann, und erleichtern so die Anziehung von Wohlstand und Erfolg in Ihr Leben.

B. Schritte zur Festlegung effektiver finanzieller Ziele

Seien Sie konkret: Setzen Sie konkrete, messbare finanzielle Ziele, die realistisch und erreichbar sind. Anstatt zum Beispiel zu sagen: „Ich möchte reich sein", sagen Sie: „Ich möchte bis zum Jahresende 1 Million US-Dollar an Ersparnissen haben."

Machen Sie sie zeitgebunden: Legen Sie für jedes finanzielle Ziel eine Frist fest. Dies wird dazu beitragen, Ihnen ein Gefühl der Dringlichkeit und Motivation zu vermitteln, Ihre Ziele zu erreichen.

Schreiben Sie sie auf: Schreiben Sie Ihre finanziellen Ziele auf und platzieren Sie sie an Orten, an denen Sie sie häufig sehen, beispielsweise in Ihrem Büro oder Ihrem Auto. Dies wird dazu beitragen, Ihre Ziele zu stärken und sie im Gedächtnis zu behalten.

Priorisieren: Priorisieren Sie Ihre finanziellen Ziele und konzentrieren Sie sich zuerst auf die wichtigsten.

C. Aktionsplanung

Unterteilen Sie Ihre Ziele in kleinere Schritte: Sobald Sie Ihre finanziellen Ziele festgelegt haben, unterteilen Sie diese in kleinere, erreichbare Schritte. Dies wird dazu beitragen, dass Ihre Ziele weniger überwältigend und leichter zu bewältigen erscheinen.

Erstellen Sie einen Aktionsplan: Schreiben Sie für jedes Ziel einen Aktionsplan auf, einschließlich der spezifischen Schritte, die Sie unternehmen müssen, der benötigten Ressourcen und eines Zeitplans für die Erreichung jedes Schritts.

Handeln Sie: Ergreifen Sie täglich konsequent Maßnahmen zur Erreichung Ihrer finanziellen Ziele. Konzentrieren Sie sich darauf, Schritt für Schritt vorzugehen, und lassen Sie sich nicht entmutigen, wenn Sie keine sofortigen Ergebnisse sehen.

Verfolgen Sie den Fortschritt: Verfolgen Sie Ihren Fortschritt und feiern Sie unterwegs Ihre Erfolge. Dies wird

Ihnen helfen, motiviert zu bleiben und sich auf Ihre finanziellen Ziele zu konzentrieren.

D. Schlussfolgerung

Zielsetzung und Aktionsplanung sind entscheidende Aspekte des Gesetzes der Anziehung, die es Ihnen ermöglichen, Ihre Gedanken, Überzeugungen und Handlungen auf Ihre finanziellen Ziele und Wünsche auszurichten. Indem Sie sich konkrete, erreichbare finanzielle Ziele setzen und konsequente, tägliche Maßnahmen ergreifen, um diese zu erreichen, können Sie mehr Wohlstand und Erfolg in Ihr Leben bringen und finanzielle Freiheit erlangen.

Kapitel 1 3 . Die Bedeutung spezifischer, messbarer Ziele

A. Warum Spezifität wichtig ist

Das Gesetz der Anziehung besagt, dass sich das, worauf Sie sich konzentrieren, erweitert. Daher ist es wichtig, bei der Festlegung Ihrer finanziellen Ziele so konkret wie möglich zu sein. Spezifische, messbare Ziele geben Ihnen eine klare Richtung vor, auf die Sie hinarbeiten können, und helfen Ihnen, Ihre Gedanken, Überzeugungen und Handlungen darauf auszurichten, Wohlstand und Erfolg in Ihr Leben zu bringen.

B. Die Vorteile messbarer Ziele

Klarheit: Messbare Ziele sorgen für Klarheit und Orientierung, sodass Sie sich leichter auf das konzentrieren können, was Sie erreichen möchten.

Motivation: Messbare Ziele tragen dazu bei, die Motivation und den Antrieb zu steigern, während Sie Fortschritte bei der Erreichung Ihrer finanziellen Ziele sehen.

Fortschritt verfolgen: Messbare Ziele machen es einfacher, Ihren Fortschritt zu verfolgen und unterwegs Anpassungen vorzunehmen.

Verbesserte Leistung: Messbare Ziele helfen Ihnen, bessere Leistungen zu erbringen, da Sie eine klare Vorstellung davon haben, was Sie erreichen müssen und was Sie tun müssen, um dorthin zu gelangen.

C. Wie man konkrete, messbare finanzielle Ziele setzt

Seien Sie konkret: Seien Sie bei der Festlegung Ihrer finanziellen Ziele so konkret wie möglich. Anstatt zum Beispiel zu sagen: „Ich möchte reich sein", sagen Sie: „Ich möchte bis zum Jahresende 1 Million US-Dollar an Ersparnissen haben."

Machen Sie sie messbar: Machen Sie Ihre finanziellen Ziele messbar, damit Sie Ihre Fortschritte verfolgen und sehen können, wie nah Sie der Erreichung dieser Ziele sind.

Legen Sie Fristen fest: Legen Sie für jedes finanzielle Ziel Fristen fest, damit Sie ein Gefühl der Dringlichkeit und Motivation haben, Ihre Ziele zu erreichen.

D. Schlussfolgerung

Spezifische, messbare finanzielle Ziele zu haben, ist ein wesentlicher Aspekt des Gesetzes der Anziehung, da es Ihnen hilft, Ihre Gedanken, Überzeugungen und Handlungen darauf auszurichten, Wohlstand und Erfolg in Ihr Leben zu locken. Indem Sie sich klare und konkrete Ziele setzen, können Sie Ihre Motivation und Ihren Antrieb steigern, Ihre Leistung verbessern und Ihre Fortschritte auf dem Weg zur finanziellen Freiheit verfolgen.

E. Schreiben Sie Ihre Ziele auf

A. Die Kraft, Ihre Ziele aufzuschreiben

Es hat sich gezeigt, dass das Aufschreiben Ihrer finanziellen Ziele die Wahrscheinlichkeit erhöht, diese zu erreichen. Denn das Aufschreiben Ihrer Ziele trägt dazu bei, sie konkreter und greifbarer zu machen, und hilft Ihnen, Ihre Gedanken zu fokussieren und Ihre Ziele ernst zu nehmen.

B. Die Vorteile des Aufschreibens Ihrer Ziele

Erhöhte Klarheit: Das Aufschreiben Ihrer Ziele hilft Ihnen zu klären, was Sie wirklich wollen und was Ihnen am wichtigsten ist.

Verbesserte Konzentration: Das Aufschreiben Ihrer Ziele hilft dabei, Ihre Gedanken zu fokussieren und Sie auf dem richtigen Weg zur Erreichung Ihrer finanziellen Ziele zu halten.

Erhöhte Motivation: Das Aufschreiben Ihrer Ziele kann dazu beitragen, die Motivation und den Antrieb zu steigern, da Sie sehen, was Sie tun müssen, um Ihre Ziele zu erreichen.

Besseres Gedächtnis: Das Aufschreiben Ihrer Ziele hilft Ihnen, sich daran zu erinnern, was Sie erreichen möchten. Dies ist wichtig, wenn Sie versuchen, Wohlstand und Erfolg in Ihr Leben zu bringen.

C. Wie Sie Ihre Ziele aufschreiben

Wählen Sie ein Format: Wählen Sie ein Format, das für Sie am besten geeignet ist, sei es ein Tagebuch, ein Notizbuch oder eine Computerdatei.

Seien Sie spezifisch: Seien Sie beim Schreiben Ihrer finanziellen Ziele so genau wie möglich und achten Sie darauf, Daten, Beträge und andere spezifische Details anzugeben.

Verwenden Sie eine positive Sprache: Verwenden Sie beim Schreiben Ihrer Ziele eine positive Sprache, da dies dazu beiträgt, positive Energie in Ihr Leben zu ziehen.

Überprüfen Sie regelmäßig: Überprüfen Sie Ihre schriftlichen Finanzziele regelmäßig und passen Sie sie bei Bedarf an, um sie an Ihre sich ändernden Umstände und Prioritäten anzupassen.

D. Schlussfolgerung

Das Aufschreiben Ihrer finanziellen Ziele ist ein wichtiger Aspekt des Gesetzes der Anziehung, da es Ihnen hilft, klarzustellen, was Sie wirklich wollen, Ihre Gedanken zu fokussieren und die Motivation und den Antrieb für den finanziellen Erfolg zu steigern. Indem Sie sich die Zeit nehmen, Ihre finanziellen Ziele aufzuschreiben, können Sie die Wahrscheinlichkeit erhöhen, diese zu erreichen und Ihre Träume von Wohlstand und Erfolg in die Realität umzusetzen.

F. Maßnahmen ergreifen, um Ihre Ziele zu erreichen

A. Die Bedeutung des Handelns

Positiv zu denken und Ihre Ziele zu visualisieren ist nur die halbe Miete, wenn es darum geht, Wohlstand und Erfolg in Ihr Leben zu bringen. Um Ihre finanziellen Ziele wirklich zu erreichen, ist es wichtig, Maßnahmen zu ergreifen und Dinge in die Tat umzusetzen.

B. Wie man Maßnahmen ergreift

Erstellen Sie einen Plan: Erstellen Sie einen Aktionsplan und unterteilen Sie Ihre finanziellen Ziele in kleinere, besser überschaubare Schritte.

Ergreifen Sie konsequente und bewusste Maßnahmen: Ergreifen Sie konsequente und bewusste Maßnahmen zur Erreichung Ihrer finanziellen Ziele, egal wie klein die Schritte auch sein mögen.

Umgeben Sie sich mit positiven Einflüssen: Umgeben Sie sich mit positiven Einflüssen, wie zum Beispiel erfolgreichen Menschen und unterstützenden Freunden und Familie.

Glaube an dich selbst: Glaube an dich selbst und deine Fähigkeiten und lass dich nicht von Selbstzweifeln zurückhalten.

C. Hindernisse überwinden

Herausforderungen vorhersehen: Erwarten Sie mögliche Herausforderungen und Hindernisse und erstellen Sie einen Plan, um diese zu überwinden.

Seien Sie beharrlich: Seien Sie beharrlich bei Ihren Bemühungen, Ihre finanziellen Ziele zu erreichen, auch wenn Hindernisse auftauchen.

Aus Fehlern lernen: Lernen Sie aus Fehlern und nutzen Sie sie als Chance für Wachstum und Lernen.

D. Schlussfolgerung

Das Ergreifen Ihrer finanziellen Ziele ist ein wesentlicher Bestandteil des Gesetzes der Anziehung und unterscheidet diejenigen, die erfolgreich sind, von denen, die dies nicht tun. Indem Sie konsequent und bewusst handeln, an sich selbst glauben und Hindernisse überwinden, können Sie Wohlstand und Erfolg in Ihr Leben bringen und Ihre finanziellen Träume Wirklichkeit werden lassen.

Mein Schicksal erschaffen: Wie Visualisierung mir geholfen hat, meinen Traumjob zu erreichen

Eines Tages, als ich in New Jersey arbeitete, rief mich ein Freund an, der ebenfalls bei derselben Firma arbeitete. Er erzählte mir aufgeregt, dass er als Auftragnehmer für HP bei einem Unternehmen namens Campus gearbeitet hatte und dass dort eine Stelle frei sei, für die er seiner Meinung nach perfekt zu mir passen würde. Er erwähnte, dass die Vergütung höher sei als das, was ich derzeit verdiene, und dass er außerdem einen Empfehlungsbonus erhalten würde, wenn er mich an Bord holte. Nachdem ich darüber nachgedacht hatte, beschloss ich, das Risiko einzugehen und diese Gelegenheit zu erkunden.

Ich habe das Vorstellungsgespräch durchlaufen und war begeistert, als ich die Nachricht erhielt, dass ich für die Stelle ausgewählt worden war. Ich verabschiedete mich von meinem Chef und meinen Kollegen in New Jersey, packte meine Koffer und zog mit meiner Familie nach Michigan, in eine kleine Stadt namens Kalamazoo. Es war eine große Entscheidung für uns, da wir viele Freunde hatten und uns in New Jersey wohl fühlten, aber die mögliche Gehaltserhöhung war zu verlockend, um darauf verzichten zu können.

Es gab jedoch einen Haken: Das Unternehmen unterstützte mich nicht für ein H-1B-Visum und ich hatte kürzlich ein Employment Authorization Document (EAD) erhalten, das mir erlaubte, für jeden Arbeitgeber zu arbeiten. Das bedeutete, dass ich in Schwierigkeiten geraten könnte, wenn mein Greencard-Antrag Rückschläge erleiden und nicht genehmigt werden sollte. Trotz dieses Risikos habe ich beschlossen, einen Vertrauensvorschuss zu wagen und dem Unternehmen direkt mit meinem EAD beizutreten, anstatt mit meinem H-1B fortzufahren, was laut Online-Foren, denen ich früher zu einwanderungsbezogenen Themen gefolgt bin, kein empfohlener Ansatz war .

Was mich am Laufen hielt, war mein unerschütterlicher Glaube an das Universum und der Glaube, dass alles zum Besten gehen würde. Ich war zuversichtlich, dass ich irgendwann zum richtigen Zeitpunkt meine Green Card bekommen würde, und ich war bereit, das Risiko einzugehen. Es war ein Vertrauensvorschuss, und ich hatte den Schritt bereits gewagt, im Vertrauen darauf, dass das Universum und die höhere Macht mich nicht im Stich lassen würden.

Voller Vorfreude und Abenteuerlust begannen wir ein neues Kapitel unseres Lebens, als wir alle unsere Möbel und Habseligkeiten verkauften, die zu groß waren, um in unseren Minivan zu passen. Wir haben sorgfältig nur die wesentlichen Möbel wie Betten und einen Esstisch ausgewählt, die wir einem Umzugsunternehmen anvertraut haben, um sie zu unserem neuen Zuhause in Michigan zu transportieren. Im Übrigen haben wir unseren Minivan bis zum Rand mit Kochutensilien, Gewürzen, Kleidersäcken, Fernseher und anderen notwendigen Gegenständen gefüllt. Was wir nicht mitnehmen konnten, haben wir an Nachbarn, Freunde und Familie verschenkt oder einfach in den Müllcontainer geworfen.

Es war eine aufregende, aber auch herausfordernde Zeit, in der wir uns darauf vorbereiteten, ein neues Leben in

Michigan zu beginnen. Wir waren uns des eisigen Wetters in dieser Region bewusst, das sogar kälter als in New Jersey war, und wir kannten nicht viele Leute, außer einem Freund, der versprach, uns anderen vorzustellen. Obwohl wir eine kleine Tochter hatten, waren wir entschlossen, uns diesen Herausforderungen direkt zu stellen und auf der anderen Seite als Sieger hervorzugehen.

Ich erinnere mich an die Nacht, in der wir alles zusammengepackt und am Nachmittag unsere Sachen dem Umzugsunternehmen übergeben haben. Wir beluden den Transporter nachts und machten uns an einem Montag auf den Weg von New Jersey nach Michigan. Nur wenige Tage zuvor hatte ich meinen bisherigen Job gekündigt und Samstag und Sonntag war mit Packen beschäftigt. Wir fuhren durch die Nacht und hofften, am Morgen unser Ziel zu erreichen und direkt ins Büro zu fahren.

Allerdings schneite es in dieser Nacht stark und wir hatten unsere Reifen nicht für die winterlichen Straßen gerüstet. Erschwerend kam hinzu, dass unser GPS veraltet war und die Karten mehrere Jahre alt waren. Trotz dieser Herausforderungen gelang es uns, die Hauptstraße zu finden und verließen uns auf die Anweisungen unseres Freundes, um unser Ziel in der neu errichteten Gemeinde zu finden. Wir folgten jedem großen Fahrzeug, das wir auf der Straße finden konnten, um bei Dunkelheit und Schnee auf der sicheren Seite zu sein.

Schließlich kamen wir spät abends bei unserem Freund an und stellten fest, dass er eingeschlafen war und nicht auf unser Klopfen an seiner Tür reagierte. Das Gebiet war mit dichtem Schnee bedeckt und die Temperatur lag deutlich unter dem Gefrierpunkt. Da unsere Tochter im Auto unruhig wurde, warteten wir eine Weile und klingelten mehrmals vergeblich. Ich beschloss, einen Rundgang durch das Gebäude zu machen und das hintere Fenster seiner Wohnung zu überprüfen. Während ich durch knietiefen Schnee watete, rief ich seinen Namen, und schließlich wachte er auf und kam nach vorne, um mir die Schlüssel zu geben.

Als wir die Wohnung öffneten, stellten wir fest, dass es weder Möbel noch ein Bett gab, sondern nur einen nackten Teppich. Allerdings war die Heizung an und es war nicht zu kalt. Wir improvisierten, indem wir unserer Tochter ein paar Bettdecken zum Schlafen ins Schlafzimmer legten. Wir selbst begnügten uns mit ein paar Bettdecken auf dem Boden und verbrachten die Nacht so gut wir konnten.

Am nächsten Morgen ging ich ins Büro, um meinen neuen Job anzutreten. Ich war für den technischen Support verantwortlich und verwaltete das Ticketsystem für HP und ihren Kunden Delphi Auto Parts, der Fabriken auf der ganzen Welt hatte. Mein Team und ich kümmerten uns um das Zurücksetzen von Passwörtern, die Windows-Serververwaltung und andere damit verbundene Aufgaben. Trotz der anfänglichen Herausforderungen klappten die Dinge allmählich, als wir uns mit anderen indischen Familien anfreundeten, die ebenfalls im selben Unternehmen arbeiteten. Wir bildeten eine eingeschworene Gruppe und trafen uns jeden Samstag bei jemandem zu Hause zu einer kleinen Party und einem Beisammensein.

Jeden Abend, wenn ich nach einem langen Arbeitstag nach Hause kam, war meine Tochter gelangweilt und unruhig. Die strenge Kälte und das eiskalte Wetter draußen machten es ihr schwer, rauszugehen und zu spielen, und sie hatte noch keine Freunde in unserer neuen Nachbarschaft. Die Wochenenden waren die einzige Zeit, in der wir zu jemandem nach Hause gehen konnten und sie ein paar Kinder treffen konnte, aber das reichte nicht aus, um sie die ganze Woche über zu unterhalten.

Um ihren Abenden etwas mehr Spannung zu verleihen, gingen meine Frau und ich mit ihr zu einem nahegelegenen McDonald's, wo es einen Spielbereich für Kinder gab. Wir bestellten für sie ein Kinderessen, zu dem auch ein kleines Spielzeug gehörte, auf das sie sich sehnsüchtig freuen würde. Sobald wir eintraten, leuchteten ihre Augen vor Freude, als sie den farbenfrohen Spielbereich entdeckte. Es gab Tunnel, Rutschen und Stufen, die sie mit Begeisterung bewältigte und beim Spielen kicherte und lachte.

Wir saßen an einem Tisch in der Nähe, tranken eine heiße Tasse Kaffee und sahen zu, wie unsere Tochter sich auf dem Spielplatz vergnügte. Sie lernte neue Freunde kennen, oft auch andere Kinder, die bei kaltem Wetter ebenfalls auf der Suche nach Unterhaltung im Innenbereich waren. Sie rannten, kletterten und rutschten gemeinsam und erfanden so ihre eigenen kleinen Abenteuer im Spielbereich. Es war herzerwärmend zu sehen, wie das Gesicht unserer Tochter vor Glück aufstrahlte, während sie neue Kontakte knüpfte und Spaß hatte.

Der McDonald's-Spielbereich wurde zu einem festen Bestandteil unseres Tagesablaufs. Es war ein Ort, an dem unsere Tochter ihre Energie abbauen, Freunde finden und die dringend benötigte soziale Interaktion erleben konnte. Es verschaffte uns auch einen Moment der Ruhe, in dem wir uns entspannen und einen kurzen gemeinsamen Moment genießen konnten, während wir ein Auge auf unsere Tochter hatten.

Trotz des kalten und eiskalten Wetters draußen sorgten die Wärme und das Lachen im McDonald's-Spielbereich für Freude an unseren Abenden. Für unsere Tochter wurde es zu einem besonderen Ort, an dem sie das Wetter und den Mangel an Freunden in unserer Nachbarschaft vergessen und einfach ein unbeschwertes Kind sein konnte. Auch das kleine Spielzeug, das mit dem Kinderessen geliefert wurde, wurde für sie zu einem geschätzten Gegenstand, den sie uns und ihren Freunden voller Begeisterung präsentierte.

Rückblickend ging es an den Abenden im McDonald's-Spielbereich nicht nur um die Unterhaltung, die meiner

Tochter geboten wurde, sondern auch um die wertvollen Erinnerungen, die wir gemeinsam geschaffen haben. Es war eine Erinnerung daran, wie wir selbst inmitten von Herausforderungen an unerwarteten Orten Freude und Verbundenheit finden können. Es hat uns gelehrt, wie wichtig es ist, aus jeder Situation das Beste zu machen und auch an den kältesten und herausforderndsten Tagen einen Hoffnungsschimmer zu finden.

Innerhalb weniger Tage begann die Routine, jeden Abend zum gleichen McDonald's zu gehen, an Reiz zu verlieren. Meine Frau und ich erkannten, dass wir eine Veränderung brauchten, und sie schlug vor, nach Indien zu gehen, um eine Weile bei ihrer Mutter zu bleiben. Sie dachte, unsere Tochter Tina würde die Gesellschaft ihrer Cousins und anderer Kinder im Gebäude genießen und es wäre eine schöne Pause für uns alle. Angesichts der Aussicht, dass Tina mehr Kinder zum Spielen haben würde, und der geschäftigen Atmosphäre in Indien entschieden wir, dass es einen Versuch wert war. Auch in Indien würde es Sommer sein, im Gegensatz zu dem kalten Frühlingswetter, das wir in Michigan erlebten.

Also gingen meine Frau und Tina nach Indien und ich blieb zurück, um weiter zu arbeiten. Aber das Schicksal hatte andere Pläne mit mir. Eines Tages wurden wir von der Geschäftsleitung zu einer Besprechung gerufen und zu unserem Schock teilte man uns mit, dass das Projekt beendet sei und alle entlassen würden. Es waren erst drei Monate vergangen, seit ich mit der Arbeit an dem Projekt begonnen hatte, und wir hatten in unserer kurzen Zeit dort nicht viel Geld gespart. Wir wurden gebeten, zu packen und nicht zu unseren Schreibtischen zurückzukehren. Es war eine surreale Erfahrung, als wir zu unseren Schreibtischen begleitet wurden, um unsere persönlichen Gegenstände vor unserem Vorgesetzten abzuholen, aber wir durften die Computer nicht berühren. Es war eine deutliche Erinnerung daran, wie unsicher das Leben sein kann.

Da die Indienreise unsere Ersparnisse bereits aufgebraucht hatte, einschließlich der teuren Hin- und Rückflugtickets, die etwa 1.500 US-Dollar pro Person kosteten, und zusätzlicher Ausgaben, die während des Aufenthalts meiner Frau und meiner Tochter gedeckt werden mussten, befand ich mich in einer schwierigen Lage. Wir waren nur für drei Monate mit nur drei Monatsgehältern nach Michigan gekommen, und jetzt hatte ich meinen Job verloren. Ich machte mir Sorgen darüber, wie wir die monatliche Miete für unsere Wohnung weiterbezahlen würden, da ich einen einjährigen Mietvertrag unterzeichnet hatte. Die Suche nach einem anderen Job wurde zu meiner obersten Priorität, aber die Situation schien entmutigend.

Trotz der Herausforderungen blieb ich hoffnungsvoll und entschlossen, die Dinge für meine Familie zu ändern. Es war eine schwierige Zeit, aber ich wusste, dass ich weitermachen und eine neue Einnahmequelle finden musste. Ich wusste nicht, dass dieser Rückschlag letztendlich zu unvorhergesehenen Chancen führen und unser Leben auf unerwartete Weise verändern würde. Aber vorerst lag mein Fokus darauf, einen anderen Job zu finden, um uns über Wasser zu halten und sicherzustellen, dass wir trotz der Unsicherheit weiterhin für unseren Lebensunterhalt sorgen können.

Als ich tiefer in die Prinzipien des Gesetzes der Anziehung eintauchte, war ich entschlossener denn je, den Job meiner Träume zu verwirklichen. Ich habe alle empfohlenen Schritte sorgfältig befolgt und nichts unversucht gelassen. Ich habe meinen Lebenslauf mit größter Sorgfalt aktualisiert, um sicherzustellen, dass er meine Fähigkeiten und Erfahrungen bestmöglich widerspiegelt. Ich habe es auf verschiedenen Jobportalen gepostet und war gespannt auf die Flut an Antworten, die mich sicherlich erreichen würden.

Aber ich habe hier nicht aufgehört. Ich verstand, dass Visualisierung ein mächtiges Werkzeug im Manifestationsprozess war, und begann, mich regelmäßig in meinem idealen Job zu visualisieren. Ich würde meine Augen schließen und mir vorstellen, in einem bequemen Stuhl in einer modernen Kabine zu sitzen und mit Zuversicht und Begeisterung vor einen Computerbildschirm zu blicken. Ich stelle mir vor, dass ein Kollege mit einem Lächeln auf mich zukommt, mir zu meiner gut gemachten Arbeit gratuliert und ich würde sein Lob dankbar mit einem Dankeschön und einem festen Händedruck entgegennehmen. Diese lebendigen Visualisierungen steigerten meine Motivation und sorgten dafür, dass ich mich auf mein Ziel konzentrierte.

Ich wusste auch, dass Vorbereitung der Schlüssel zum Erfolg ist, also habe ich sorgfältig recherchiert und mich auf mögliche Interviewfragen vorbereitet. Ich habe eine Liste häufiger Fragen und Antworten für Vorstellungsgespräche zusammengestellt, sie auswendig gelernt und vor dem Spiegel geübt, sie mit Gelassenheit und Selbstvertrauen vorzutragen. Ich habe es mir zur Priorität gemacht, über die neuesten Branchentrends und Neuigkeiten auf dem Laufenden zu bleiben und mein Wissen und meine Fähigkeiten ständig zu verbessern, um der Konkurrenz einen Schritt voraus zu sein. Ich habe meinen Lebenslauf mehrmals aktualisiert, um sicherzustellen, dass er immer auf die spezifischen Anforderungen jeder Bewerbung zugeschnitten war.

Trotz meiner Bemühungen vergingen Tage ohne konkrete Ergebnisse. Ich erhielt Anrufe von zahlreichen Personalvermittlern und führte mehrere Erstgespräche, aber es schien nichts zustande zu kommen. Es drohte innere Angst einzuschleichen, aber ich weigerte mich, Zweifel aufkommen zu lassen. Ich habe alle negativen Gedanken bewusst durch den unerschütterlichen Glauben ersetzt, dass ich schnell einen Job finden würde, der sogar noch mehr verdient als meine vorherige Position. Ich erinnerte mich daran, dass dies nur ein vorübergehender Rückschlag war und dass das Universum zu meinen Gunsten arbeitete und mich zu meinen wahren Wünschen führte.

Eines Tages erhielt ich einen Anruf von einem Personalvermittler, der mich über einen dringenden Bedarf an einer Stelle als Serveradministrator bei der Washington Mutual Bank (WAMU) informierte. Als ich mir die Stellenbeschreibung anhörte, wurde mir klar, dass ich perfekt für die Stelle geeignet war, da meine Fähigkeiten und meine MCSE-Zertifizierung perfekt zu den Anforderungen passten. Ich verschwendete keine Zeit damit, meinen Lebenslauf an den Personalvermittler zu senden, und verspürte eine Welle der Aufregung und Hoffnung. Ich konnte nicht anders, als mir vorzustellen, dass ich in dieser Rolle meine Pflichten mit Sachverstand und Zufriedenheit erfülle, umgeben von zufriedenen Kollegen und Vorgesetzten, die meine Arbeit lobten.

Rückblickend wurde mir klar, dass der Verlust meines vorherigen Arbeitsplatzes eigentlich ein Segen gewesen war. Es hatte mich zu dieser Gelegenheit an der WAMU geführt, die perfekt zu mir und meiner Familie zu passen schien. Das Wohlergehen und das Glück meiner Tochter hatten für mich oberste Priorität, und dieser Job schien der ideale Ort für uns zu sein. Jetzt verstand ich, dass das Universum meine Gebete auf eine Weise erhört hatte, die ich nicht vorhergesehen hätte. Es war eine Erinnerung für mich, dem Prozess zu vertrauen, unerschütterlichen Glauben zu haben und mein gewünschtes Ergebnis weiterhin mit absoluter Sicherheit zu visualisieren.

Mit neuer Entschlossenheit wartete ich sehnsüchtig auf eine positive Antwort des Personalvermittlers und war bereit, diese neue Chance mit Begeisterung und Dankbarkeit anzunehmen. Ich war dankbar für die Reise, die mich an diesen Punkt gebracht hatte, und zuversichtlich, dass mein anhaltender Glaube und meine Beharrlichkeit mich zum Job meiner Träume führen würden. Ich war bereit, meine neue Rolle als Serveradministrator bei WAMU anzutreten, bestens vorbereitet und gerüstet, um meinen Aufgaben gerecht zu werden und mir eine erfüllende Karriere zu ermöglichen.

Die E-Mail des Personalvermittlers traf in meinem Posteingang ein und mein Herz setzte einen Schlag aus. Es war die Gelegenheit, auf die ich gewartet hatte – die Chance, von jemandem vertreten zu werden, der mir möglicherweise einen Job bei dem renommierten Unternehmen WAMU verschaffen könnte. Mit angehaltenem Atem antwortete ich zurück, bestätigte, dass ich den Tarif akzeptiere und drückte meinen Wunsch aus, dass der Personalvermittler mich im Unternehmen vertreten würde.

Die Tage vergingen, und ich wartete gespannt auf den Anruf zum Vorstellungsgespräch. Der Personalvermittler hatte mir versichert, dass der Anruf jederzeit in den nächsten ein oder zwei Tagen stattfinden könne, und ich überprüfte ständig mein Telefon und meine E-Mails auf Aktualisierungen. Doch der Anruf kam nie. Der nächste Tag und dann der dritte Tag vergingen, ohne dass sich der Personalvermittler zu Wort meldete.

Unruhig und enttäuscht nahm ich die Sache schließlich selbst in die Hand und rief den Personalvermittler an, um mich nach dem Status der Stellenanforderung zu erkundigen. Zu meiner Bestürzung teilte mir der Personalvermittler mit, dass die Stelle besetzt sei und mein Lebenslauf nicht ausgewählt wurde. Er versicherte mir jedoch, dass er meinen Lebenslauf aufbewahren und mich benachrichtigen würde, wenn in Zukunft weitere offene Stellen frei würden. Das hat meine Hoffnungen zunichte gemacht, aber ich habe versucht, meine Stimmung aufrechtzuerhalten.

Ich konnte nicht umhin, ein Gefühl der Sehnsucht nach der Vision zu verspüren, die ich in den letzten Tagen gehegt hatte. Ich hatte mir vorgestellt, dass ich in einer Kabine im 17. Stock des WAMU-Gebäudes sitze, in der Nähe des Glasfensters mit Blick auf die atemberaubende Skyline von Seattle, Washington. Es war ein lebendiges Bild, das meine Fantasie beflügelt hatte und ich konnte den Traum nicht loslassen.

Ich konnte meine Neugier nicht zurückhalten und wandte mich an Google Maps, um den Standort des WAMU-Gebäudes zu finden. Ich konnte die Seite nicht ausdrucken, also nahm ich ein leeres Blatt Papier und skizzierte einen groben Umriss des Turms und markierte den Boden, auf dem ich mir meine

Kabine vorgestellt hatte. Es war eine kindliche Zeichnung, aber sie half mir, meinen Traum noch lebendiger zu visualisieren.

Ich betrachtete die Skyline von Seattle, schloss die Augen und versuchte, mir die Gebäude, Straßen und Menschen aus der Höhe des 17. Stocks vorzustellen. Ich spürte, wie die Aufregung und das Glück in mir aufstiegen, als ich mir vorstellte, wie ich am Glasfenster saß und auf die geschäftige Stadt unter mir blickte. Es wurde für mich zu einem täglichen Ritual — still und regungslos auf meinem Stuhl zu sitzen, die Augen zu schließen und in die Szenerie meines Traumjobs bei WAMU einzutauchen.

Vor meinem geistigen Auge konnte ich sehen, wie jemand hinter mir auftrat, mir die Hand schüttelte und mich bei WAMU willkommen hieß. Die Szene spielte sich in meinem Kopf immer wieder ab und jedes Mal verspürte ich eine Woge der Freude und Dankbarkeit gegenüber Gott und dem Universum, die mir geholfen hatten, meinen Traumberuf zu verwirklichen.

Ich stellte mir weiterhin mehrmals am Tag meinen Traumjob bei WAMU vor und steckte meine ganze Energie und Absicht hinein. Es wurde für mich zu einer Quelle der Inspiration und Motivation und sorgte dafür, dass ich bei meiner Jobsuche konzentriert und zielstrebig blieb. Trotz des anfänglichen Rückschlags weigerte ich mich, meine Vision aufzugeben und hielt an der Überzeugung fest, dass es nur eine Frage der Zeit war, bis mein Traum Wirklichkeit wurde.

Ich blieb dankbar für die Gelegenheit und hoffnungsvoll für die Zukunft, im Vertrauen darauf, dass das Universum etwas noch Besseres für mich bereithält.

Im Laufe des Tages konnte ich nicht anders, als mir immer wieder die Gelegenheit vorzustellen, die sich mir bieten könnte. Ich hatte sehnsüchtig auf einen Anruf gewartet und gehofft, dass etwas Positives passieren würde. Gerade als ich es am wenigsten erwartet hatte, erhielt ich einen Anruf von einer Person namens Suresh. Er stellte sich als jemand vor, der für Cognizant arbeitete, und teilte mir mit, dass eine Stelle als Serveradministrator bei WAMU gesucht werde. Er fragte, ob ich verfügbar und an der Gelegenheit interessiert sei. Ich antwortete eifrig mit „Ja" und erinnerte mich daran, dass ich vor ein paar Tagen einen Anruf von Cognizant wegen eines Vorstellungsgesprächs erhalten hatte, das nie stattfand.

Suresh stellte klar, dass er mich noch nie angerufen hatte, aber er fand meinen Lebenslauf auf ihrem Portal. Er erwähnte, dass jemand von ihrer Firma Cognition es möglicherweise dort platziert hätte, als ich mich für eine andere Stelle bei WAMU beworben hatte, die jetzt geschlossen war. Dennoch war er der Meinung, dass mein Lebenslauf den aktuellen Anforderungen entsprach, und wollte wissen, ob ich Interesse hätte. Ich war von der Möglichkeit begeistert und bat ihn, mir die Stellenbeschreibung zuzusenden.

Bald teilte Suresh mir die Stellenbeschreibung mit und mir wurde klar, dass sie der vorherigen ziemlich ähnlich war, mit der Ausnahme, dass neben Windows auch die Linux-Administration enthalten war. Während ich von meinen Fähigkeiten als Windows-Server-Administrator überzeugt war, war ich in Linux nicht so bewandert. Aufgrund meiner früheren Erfahrungen mit DOS und der gelegentlichen Verwendung von Linux-Servern verfügte ich über einige Grundkenntnisse der Linux-Befehle, hatte mich jedoch nie offiziell mit Linux-Servern befasst oder damit gearbeitet. Ich brachte Suresh meine Bedenken zum Ausdruck und erklärte, dass ich ihm aufgrund meiner begrenzten Linux-Erfahrung nicht garantieren könne, dass ich das Interview knacken würde.

Suresh beruhigte mich jedoch und sagte, ich solle mir darüber keine Sorgen machen. Er schlug vor, dass ich die Linux-bezogenen Fragen nach bestem Wissen und Gewissen beantworte und dass es großartig wäre, wenn ich ausgewählt würde, andernfalls würden sie weiterhin nach anderen geeigneten Möglichkeiten für mich suchen. Ich wusste seine Unterstützung zu schätzen und stimmte zu, es zu versuchen. Ich habe von ihm das Formular „Right to Represent (RTR)" erhalten, das ich umgehend ausgefüllt und zurückgeschickt habe.

Gleich am nächsten Tag rief mich Suresh erneut an, um das Interview mit dem Manager zu vereinbaren. Er erkundigte sich nach meiner Verfügbarkeit und wann ich beitreten könne, worauf ich mit Begeisterung und der Bereitschaft antwortete, so schnell wie möglich anzufangen. Wir legten den Termin für das Vorstellungsgespräch fest und Suresh erwähnte auch, dass er eine Liste mit zehn Fragen zusammengestellt hatte, die den anderen Kandidaten in früheren Vorstellungsgesprächen für dieselbe Position gestellt worden waren. Er dachte, es wäre hilfreich für mich, mich auf diese Fragen vorzubereiten, da sie möglicherweise auch in meinem Vorstellungsgespräch auftauchen. Er schickte mir die Liste und ich war begeistert, sie in der Hand zu haben. Ich hatte zuvor eine Reihe von Fragen aus meinen vergangenen Interviews zusammengestellt, also fügte ich Sureshs Fragen zu meiner Liste hinzu und machte sie zu meiner obersten Priorität. Ich habe ein separates Word-Dokument erstellt und jede Frage sorgfältig beantwortet und sie mit zusätzlichen Inhalten ausgearbeitet, die ich durch gründliche Recherche im Internet gesammelt habe. Ich habe darauf geachtet, dass die verwendete Sprache natürlich und verständlich ist und nicht so klingt, als würde ich aus einem Drehbuch vorlesen. Nachdem ich meine Antworten fertig hatte, übte ich sie wiederholt und wartete sehnsüchtig auf den Tag des Vorstellungsgesprächs.

In meinem Kopf stellte ich mir bereits vor, dass ich im Vorstellungsgespräch erfolgreich sein und mir den Job sichern würde. Ich konnte nicht anders, als über die mögliche Einkommenssteigerung im Vergleich zu meinem vorherigen Job oder dem Job, von dem ich kürzlich entlassen wurde, nachzudenken. Ich war fest entschlossen, mein Bestes zu geben und im Vorstellungsgespräch einen starken Eindruck zu hinterlassen, und war überzeugt, dass diese Gelegenheit der Wendepunkt in meiner Karriere sein könnte.

Der Tag des Vorstellungsgesprächs war endlich gekommen und ich war fest entschlossen, es zu meistern. Ich hatte Stunden damit verbracht, mich vorzubereiten und alle möglichen Fragen und ihre idealen Antworten akribisch in einem Word-Dokument aufzuschreiben. Das Dokument war umfangreich, umfasste 8 bis 10 Seiten und enthielt fast 100 Fragen. Auch wenn ich mir nicht alles wörtlich merken konnte, habe ich darauf geachtet, die Konzepte gründlich zu verstehen und mir die Schlüsselelemente jeder Antwort nach besten Kräften zu merken.

Um meine Fähigkeiten weiter zu verbessern, übte ich vor dem Spiegel und stellte mir vor, wie ich im Büro im 17. Stock des WAMU-Gebäudes sitze und die herrliche Skyline von Seattle überblicke. Ich konnte die geschäftigen Gebäude, Straßen, Autos und Menschen sehen, während ich meine Antworten selbstbewusst vorbrachte und Pausen, „ähm" und „aaas" hinzufügte, damit sie natürlicher und spontaner klangen.

Endlich war es soweit und das Interview begann mit den ersten Vorstellungen. Als die Fragen begannen, war ich angenehm überrascht, dass die erste gestellte Frage mit der auf meiner Liste identisch war. Es war Wort für Wort, als würde ich es von meinem Blatt vorlesen. Ich holte tief Luft, fasste mich und gab meine gut vorbereitete Antwort ab. Dabei achtete ich darauf, authentisch zu klingen und nicht so, als würde ich von irgendwoher vorlesen.

Die Interviewer schienen von meinen Antworten beeindruckt zu sein, und wir gingen zur nächsten Frage über, die wiederum genau mit meiner zweiten Frage auf dem Blatt übereinstimmte. Ich antwortete mit Zuversicht und das Muster setzte sich bei der dritten, vierten, fünften und bis zur zehnten Frage fort. Keine einzige Frage war anders als die, auf die ich mich vorbereitet hatte. Die Interviewer schienen mit meiner Leistung zufrieden zu sein und bestätigten am Ende des Interviews praktisch, dass sie gerne mit mir zusammenarbeiten würden.

Als das Gespräch endete, konnte ich meine Aufregung nicht unterdrücken. Es fühlte sich an, als hätte ich mir den Job bereits gesichert. Ich war jedoch nicht überrascht, denn in meinem Kopf hatte ich mir bereits vorgestellt, wie ich bei WAMU im 17. Stock arbeite und von meinem Schreibtisch aus einen atemberaubenden Blick auf die Skyline von Seattle hatte. Jetzt mussten wir nur noch auf ihre Antwort warten, die sie versprochen hatten, innerhalb eines Tages zu geben. Alle um mich herum waren begeistert und die Vorfreude war spürbar. Ich wartete sehnsüchtig auf die Bestätigung meines Traumjobs, bei dem ich vom 17. Stock des WAMU-Gebäudes aus die Skyline von Seattle sehen konnte.

Nach meinem Vorstellungsgespräch wartete ich gespannt auf das Ergebnis und wusste in meinem Herzen, dass mich dieser Job gereizt hatte. Ich erhielt einen Anruf von Suresh, der wissen wollte, wie das Interview verlaufen sei. Er versicherte mir, dass er in meinem Namen mit meinem Personalchef sprechen würde. Nur eine Stunde später rief er mich mit der erstaunlichsten Nachricht zurück: Ich war für den Job ausgewählt worden! Ich war überglücklich und voller Aufregung, aber überhaupt nicht überrascht. Ich wusste, dass das Universum meine Gebete erhört und meiner Bitte stattgegeben hatte.

Ich habe keine Zeit damit verschwendet, meine Frau anzurufen, um ihr die gute Nachricht zu überbringen. Alle in meiner Familie freuten sich für mich. Am nächsten Tag rief Suresh erneut an, diesmal um das Gehaltspaket zu besprechen. Zu meinem Erstaunen boten sie mir für diese Stelle das höchste Gehaltspaket an, das sogar über dem lag, was ich zuvor verdient hatte. Da es in Washington außerdem keine staatliche Steuer gab, war es für mich ein doppelter Gewinn hinsichtlich der Ersparnisse. Ohne zu zögern habe ich das Angebot gerne angenommen.

Nachdem alles gepasst hatte, packte ich meine Sachen und flog nach Seattle, wo ich auf der Suche nach einer Wohnung vorübergehend in einem Hotel übernachtete. Ich hatte nur begrenzte Ersparnisse und wartete sehnsüchtig auf meinen ersten Gehaltsscheck, wollte aber keine Zeit verlieren und wie geplant am Montag meinen neuen Job antreten. Ich fand schnell eine Wohnung und traf Vorkehrungen für den baldigen Einzug. In der Zwischenzeit blieb ich im Hotel und zählte gespannt die Tage bis zum offiziellen Arbeitsbeginn herunter.

Die Vorfreude war spürbar, als ich mich auf den Weg zu der Adresse machte, die mir Suresh gegeben hatte. Es war in der Innenstadt von Seattle und ich war begeistert von der Aussicht, in einer so geschäftigen und dynamischen Gegend zu arbeiten. Ich hatte mir ein modernes Gebäude mit raumhohen Glasfenstern vorgestellt, die einen Panoramablick auf die berühmte Skyline von Seattle bieten. Als ich jedoch das Gebäude betrat und in den zweiten Stock ging, war ich etwas enttäuscht. Die Umgebung war düster, mit alten Kabinen, die in der modernen Stadt fehl am Platz schienen.

Suresh führte mich zu einer Kabine und bedeutete mir, Platz zu nehmen. Ich schaute mich um und versuchte, die Skyline von Seattle zu erkennen, aber alles, was ich sehen konnte, waren die Fenster am Rand der Halle. Es war nicht die großartige Aussicht, die ich mir vorgestellt hatte, und ich konnte nicht umhin, einen Anflug von Enttäuschung zu verspüren. Ich erinnerte mich jedoch schnell daran, dass ich für die Jobmöglichkeit bei WAMU dankbar war, auch wenn die Aussicht nicht mit meinen Vorstellungen übereinstimmte. Schließlich verläuft nicht alles im Leben genau so, wie wir es uns vorstellen, und ich war trotzdem dankbar für den Job, den ich gewonnen habe.

Suresh erwähnte dann, dass wir zum nächsten Gebäude gehen müssten, um meinen Laptop abzuholen. Ich war neugierig, warum wir in ein anderes Gebäude gehen mussten, und er erklärte, dass im nächsten Gebäude die Mitarbeiter von WAMU, darunter mein Manager Greg Seaberg, untergebracht seien. Er stellte außerdem klar, dass wir als Auftragnehmer zusammen mit anderen Auftragnehmern in einem separaten Gebäude saßen. Ich nickte verständnisvoll und folgte ihm zum nächsten Gebäude, voller Neugier, meinen Manager kennenzulernen und meinen neuen Job anzutreten.

Als wir uns auf den Weg zum anderen Gebäude machten, musste ich darüber nachdenken, wie ganz anders die Dinge waren, als ich sie mir ursprünglich vorgestellt hatte. Dennoch blieb ich optimistisch und dankbar für die Gelegenheit, an der WAMU zu arbeiten, mit einem höheren Einkommen und besserem Wetter als Michigan. Meine Familie würde sich mir bald anschließen und ich war entschlossen, das Beste aus diesem neuen Kapitel in meinem Leben zu machen, trotz der Unterschiede zwischen meinen Vorstellungen und der Realität.

Während ich an Suresh entlangging, gingen wir das Gebäude hinunter und dem Ende des Blocks entgegen. Seattle mit seinen zahlreichen Hängen und Hügeln, die an San Francisco erinnern, bot eine einzigartige Topographie zum Navigieren. Die Stadt schien sich in einem kontinuierlichen Rhythmus auf und ab zu bewegen, während wir uns auf den Weg zur Innenstadt machten, die zum Meer hin abfiel. Als wir uns unserem Ziel näherten, konnte ich meine Aufregung nicht unterdrücken, als ich das Gebäude sah, das ich bisher nur auf Google gesehen hatte – das WAMU-Gebäude.

Meine Visualisierungsträume wurden nach und nach wahr, als ich genau vor dem Gebäude stand, das ich mir vorgestellt hatte. Im Stillen dankte ich dem Universum für diesen unglaublichen Moment, während ich sehnsüchtig darauf wartete, dass die Fußgängerampel grün wurde, damit wir die Straße überqueren konnten. Als wir dort standen, war ich überwältigt von der Dankbarkeit, dass ich tatsächlich hier war und diesen Moment miterlebte. Schließlich wurde das Wanderschild weiß und wir überquerten die Straße und betraten das Gebäude. Suresh ging mit seinem Ausweis voran, und wir betraten das Gebäude und gingen zu den Aufzügen. Ich konnte nicht anders, als zu bemerken, dass das Gebäude 22 Stockwerke hatte, eine beachtliche Zahl, als ich nervös auf die Telefonzentrale schaute und nicht wusste, wohin wir wollten.

Suresh hob mit einer selbstbewussten Geste die Hand und drückte einen Knopf an der Telefonzentrale. Mein Herz setzte einen Schlag aus, als ich die Zahl 17 sah, genau die Etage, die ich mir vorgestellt hatte. Ich konnte mein Glück kaum fassen, als sich die Aufzugstüren schlossen und wir begannen, in den 17. Stock aufzusteigen. Die Vorfreude war spürbar, als sich die Aufzugstüren öffneten und wir ausstiegen. Suresh ging voran, und ich folgte ihm dicht auf den Fersen und navigierte durch die Gänge, bis wir nach rechts in Richtung der Glaswand am Rand des Gebäudes abbogen.

Meine Aufregung erreichte ihren Höhepunkt, als ich genau so auf die Glaswand blickte, wie ich es mir vorgestellt hatte. Anders als das vorherige Gebäude, das ich besucht hatte, hatte dieses eine komplette Glaswand und bot einen atemberaubenden Blick auf die Stadt darunter. Wir wurden von Matt, einem weiteren Manager unseres Teams, begrüßt, der uns darüber informierte, dass Greg, mein direkter Manager, in Kürze zu uns stoßen würde. Als wir herumsaßen und uns mit Matt unterhielten, konnte ich nicht umhin, ein Gefühl der Zugehörigkeit zu verspüren, als er mich im Team willkommen hieß. Augenblicke später kam Greg und wir schüttelten uns die Hände, bevor er mir die Kabine direkt neben seiner zeigte.

Greg zeigte auf den Laptop auf dem Schreibtisch und teilte mir mit, dass er mir gehörte. Er gab mir ein temporäres Passwort zum Anmelden, das ich schnell zurücksetzte, um mein eigenes Passwort zu erstellen. Ich habe die Änderungen gespeichert, und Suresh bedankte sich bei Greg für seine Zeit und hinterließ bei mir ein Gefühl der Spannung und Vorfreude auf das bevorstehende neue Kapitel.

Ich konnte meine Aufregung nicht unterdrücken, als Greg mich zu meiner Kabine führte. Er zeigte auf den Laptop auf dem Schreibtisch und die Laptoptasche daneben. Ich schloss schnell den Laptop und steckte ihn vorsichtig in die Tasche, um sicherzustellen, dass alles an seinem Platz war. Ich wollte mich unbedingt Suresh anschließen und zum Gebäude des Bauunternehmers zurückkehren, aber Greg hatte andere Pläne.

"Wo gehst du hin?" fragte Greg und überraschte mich. Ich stolperte nach einer Antwort und wusste nicht, was ich sagen sollte. Ich murmelte etwas darüber, dass ich zum Gebäude des Bauunternehmers zurückkehren sollte, aber Greg schüttelte den Kopf.

„Nein, da gehst du nicht hin", sagte er bestimmt. „Das ist Ihre Kabine. Sie müssen hier neben mir sitzen. Ich leite dieses Team und Sie werden mir Bericht erstatten."

Suresh sah überrascht aus und ich konnte das Ausrufezeichen in seinem Gesichtsausdruck sehen. Er nickte Greg zu und sagte: „Okay, Greg. Das ist gut." Dann drehte er sich zu mir und sagte: „Okay, Tony. Bitte lass es mich wissen, wenn du etwas von mir brauchst. Du hast meine Nummer. Ruf mich an, wenn du etwas brauchst, wir sehen uns später." Damit ging Suresh und ließ mich mit Greg allein.

Ich setzte mich an meine Kabine und verspürte eine Mischung aus Nervosität und Aufregung. Ich bat Greg, mir beim Einrichten des Laptops und anderer Geräte zu helfen, und er führte mich geduldig durch den Prozess. Als alles an seinem Platz war, schaute ich nach oben und bemerkte die Glaswand neben meiner Kabine. Die gesamte Wand bestand aus Glas und bot einen atemberaubenden Blick auf die Stadt Seattle.

Ich konnte dem Drang nicht widerstehen, aufzustehen und auf die Glaswand zuzugehen. Als ich dort stand, war ich von Ehrfurcht ergriffen. Von links nach rechts konnte ich die Skyline von Seattle sehen, mit hohen Gebäuden, die in den Himmel ragten. Vor der Skyline lag das Meer, am Ufer säumten große Schiffe und Containerbe- und -entladekräne. Das Meer hatte einen faszinierenden Grünton und der Himmel darüber war in Blautönen mit flauschigen weißen Wolken bemalt. Es war noch schöner, als ich es mir in meinen Träumen vorgestellt hatte, und ich war überwältigt von Dankbarkeit, dass mein Traum in jedem Detail wahr wurde.

Ich konnte nicht glauben, dass ich nun Teil dieser Skyline war und in meiner Kabine mit einer Aussicht saß, die meine wildesten Vorstellungen überstieg. Ich verspürte ein Gefühl der Vollendung und Erfüllung, das Worte nicht beschreiben könnten. Ich war Greg dankbar, dass er mir diese Gelegenheit gegeben hatte, und ich war entschlossen, hart zu arbeiten und das Beste daraus zu machen. Als ich mich an meinen Schreibtisch setzte, konnte ich das Lächeln nicht aus meinem Gesicht wischen. Mein Herz war voller Freude und ich war bereit, dieses neue Kapitel meines Lebens zu beginnen, dankbar für die Verwirklichung meiner Träume.

Nachdem ich die Kraft des Gesetzes der Anziehung aus erster Hand erfahren hatte, war mein Glaube an seine

Wirksamkeit unerschütterlich. Ich war von dem unerschütterlichen Glauben erfüllt, dass ich alles, was ich mir vorstellen konnte, auch erreichen könnte. Ich rief sofort meine Frau an, um ihr die unglaubliche Geschichte zu erzählen, wie meine Visualisierungen in meinem neuen Job zum Leben erweckt wurden.

Ich erzählte ihr anschaulich, wie ich mir jedes Detail des Büros vorgestellt hatte, in dem ich saß, als ich nach einem Job suchte, und wie genau dasselbe Büro vor meinen Augen entstanden war, als ich den Job bekam. Die Glaswände, die einen atemberaubenden Blick auf die Skyline von Seattle boten, die farbenfrohen Schiffe, die in der Ferne fuhren, die geschäftigen Gebäude und Autos – jedes kleinste Detail war genau so, wie ich es mir vor meinem geistigen Auge vorgestellt hatte. Ich war beeindruckt von der Kraft der Visualisierung und Manifestation, da es mir gelungen war, meine Wünsche in die Realität umzusetzen.

Als ich über die Erfahrung nachdachte, wurde mir klar, dass es überhaupt keine schwierige Aufgabe gewesen war, meine Visualisierungen zu manifestieren. Ich musste mich einfach hinsetzen und mir eine Szene vorstellen, in der ich der Regisseur meines eigenen Lebens war und die Macht hatte, jede Situation und jeden Umstand zu gestalten. Ich hatte die Kontrolle und konnte entscheiden, was passieren würde. Ich könnte eine Szene aus meinem Leben schaffen, die mich wirklich glücklich machen würde, komplett mit allen

Charakteren und Elementen, die notwendig sind, ob real oder eingebildet.

Ich hatte gelernt, dass der Schlüssel zu einer effektiven Visualisierung darin liegt, die Szenen so lebendig und real wie möglich zu machen. Ich konnte die Empfindungen spüren, Objekte berühren und mit ihnen interagieren und die mit meinen Wünschen verbundenen Emotionen erleben, als ob sie bereits real wären. Je klarer meine Visionen mit jeder Wiederholung wurden, desto mehr antwortete das Universum auf meine Gebete und gewährte mir genau das, worum ich gebeten hatte.

Ich hatte auch verstanden, dass ich mich nicht um die Schritte oder Prozesse kümmern musste, um meine Wünsche zu verwirklichen. Mein Fokus sollte ausschließlich auf dem Endergebnis liegen – dem Ziel, an dem ich in meinem Leben sein wollte. Ich musste mir dieses Ziel in seiner ganzen Pracht vorstellen, mit jedem Detail und allen Informationen, als wäre ich bereits dort angekommen.

Wenn ich Multimillionär werden wollte, stellte ich mir vor, dass ich einer wäre. Ich konnte mir vorstellen, erfolgreich auszusehen, in luxuriöser Kleidung gekleidet zu sein, schicke Autos zu fahren und in einem großen Herrenhaus mit einem weitläufigen Hinterhof und einem beeindruckenden Eingangstor zu leben. Ich könnte mir vorstellen, dass das Personal, das in meinem Haus arbeiten würde – der Hausverwalter, die Köche, die Reinigungskräfte, die

Organisatoren – alle meine Bedürfnisse erfüllen würden. Ich könnte mir den Lebensstil eines Multimillionärs vorstellen, mit all den Privilegien und Vorteilen, die damit einhergehen.

Aber die Visualisierung beschränkte sich nicht nur auf materiellen Reichtum. Manche Menschen stellen sich vielleicht vor, ein berühmter Künstler, Sänger, Tänzer oder Maler zu werden. Andere träumen vielleicht davon, ein erfolgreicher Geschäftsmann, Arzt, Anwalt oder ein anderer Beruf zu werden, der ihren Ambitionen entspricht. Das Schöne an der Visualisierung war, dass sie an individuelle Wünsche und Ziele angepasst werden konnte.

Ich ermutigte alle, sich die Zeit zu nehmen, wirklich zu verstehen, was sie im Leben wollten, und es sich mit größter Klarheit und Detailliertheit vorzustellen. Ich forderte sie auf, sich vorzustellen, sie hätten ihre Ziele bereits erreicht, und die mit diesem Erfolg verbundenen Emotionen zu spüren. Ich betonte, dass die Kraft der Visualisierung immens sei und dass sie ihnen wirklich dabei helfen könne, ihre Träume in die Realität umzusetzen.

Als ich meine Geschichte abschloss, hoffte ich, dass meine Erfahrungen andere dazu inspirieren würden, die Kraft der Visualisierung zu nutzen und ihre eigenen Ziele zu erreichen. Der Schlüssel lag darin, an das Gesetz der Anziehung zu glauben, unerschütterliches Vertrauen in die Kraft der Visualisierung zu haben und bewusste Maßnahmen zur Verwirklichung ihrer Wünsche zu ergreifen. Mit

Entschlossenheit, Konzentration und Glauben kann jeder das Leben schaffen, das er sich wirklich wünscht.

Kapitel 1 4 . Begrenzende Überzeugungen und Hindernisse überwinden

A. Begrenzende Überzeugungen verstehen

Begrenzende Überzeugungen sind negative Gedankenmuster und Überzeugungen, die Sie davon abhalten, Ihr volles Potenzial auszuschöpfen. Diese Überzeugungen können mit Ihrer finanziellen Situation, Ihrem Selbstwertgefühl und mehr zusammenhängen.

B. Begrenzende Überzeugungen identifizieren

Achten Sie auf negative Selbstgespräche: Achten Sie auf negative Selbstgespräche und identifizieren Sie alle einschränkenden Überzeugungen, die Sie möglicherweise zurückhalten.

Notieren Sie Ihre Gedanken: Notieren Sie Ihre Gedanken und Gefühle, um mögliche einschränkende Überzeugungen zu erkennen.

C. Begrenzende Überzeugungen überwinden

Ersetzen Sie negative Gedanken durch positive Affirmationen: Ersetzen Sie negative Gedanken und einschränkende Überzeugungen durch positive Affirmationen und Selbstgespräche.

Umgeben Sie sich mit positiven Einflüssen: Umgeben Sie sich mit positiven Einflüssen, wie zum Beispiel erfolgreichen Menschen und unterstützenden Freunden und Familie.

Üben Sie Dankbarkeit: Üben Sie Dankbarkeit und konzentrieren Sie sich auf die positiven Aspekte Ihres Lebens, anstatt sich mit dem Negativen zu beschäftigen.

D. Hindernisse überwinden

Herausforderungen vorhersehen: Erwarten Sie mögliche Herausforderungen und Hindernisse und erstellen Sie einen Plan, um diese zu überwinden.

Seien Sie beharrlich: Seien Sie beharrlich bei Ihren Bemühungen, Ihre finanziellen Ziele zu erreichen, auch wenn Hindernisse auftauchen.

Aus Fehlern lernen: Lernen Sie aus Fehlern und nutzen Sie sie als Chance für Wachstum und Lernen.

E. Fazit

Die Überwindung einschränkender Überzeugungen und Hindernisse ist ein wesentlicher Bestandteil des Gesetzes der Anziehung und des finanziellen Erfolgs. Indem Sie einschränkende Überzeugungen erkennen und überwinden, angesichts von Hindernissen beharrlich bleiben und Dankbarkeit üben, können Sie Wohlstand und Erfolg in Ihr Leben bringen und Ihre finanziellen Ziele erreichen.

Kapitel 1 5 . Begrenzende Überzeugungen verstehen und wie sie Sie zurückhalten

A. Definition von einschränkenden Überzeugungen

Begrenzende Überzeugungen sind negative Gedankenmuster und Überzeugungen, die Sie davon abhalten, Ihr volles Potenzial auszuschöpfen. Diese Überzeugungen können mit Ihrer finanziellen Situation, Ihrem Selbstwertgefühl und mehr zusammenhängen.

B. Beispiele für einschränkende Überzeugungen

Ich werde niemals reich sein: Dieser einschränkende Glaube kann Sie davon abhalten, die notwendigen Schritte in Richtung finanziellen Erfolg zu unternehmen.

Geld ist die Wurzel allen Übels: Dieser Glaube kann Sie daran hindern, die positiven Aspekte des Reichtums zu erkennen und finanziellen Erfolg anzustreben.

Ich bin des Reichtums nicht würdig: Dieser einschränkende Glaube kann Sie daran hindern, die notwendigen Schritte in Richtung finanziellen Erfolg zu unternehmen, und kann zu einem Gefühl geringen Selbstwertgefühls führen.

C. Wie einschränkende Überzeugungen Sie zurückhalten

Beschränken Sie Ihr Potenzial: Begrenzende Überzeugungen schränken Ihr Potenzial ein und hindern Sie daran, die notwendigen Schritte in Richtung finanziellen Erfolg zu unternehmen.

Sorgen Sie für negative Selbstgespräche: Einschränkende Überzeugungen führen zu negativen Selbstgesprächen und können zu einem Gefühl von geringem Selbstwertgefühl führen.

Maßnahmen verhindern: Einschränkende Überzeugungen können Sie daran hindern, Maßnahmen zur Verwirklichung Ihrer finanziellen Ziele zu ergreifen und Wohlstand und Erfolg in Ihr Leben zu bringen.

D. Begrenzende Überzeugungen überwinden

Ersetzen Sie negative Gedanken durch positive Affirmationen: Ersetzen Sie negative Gedanken und einschränkende Überzeugungen durch positive Affirmationen und Selbstgespräche.

Umgeben Sie sich mit positiven Einflüssen: Umgeben Sie sich mit positiven Einflüssen, wie zum Beispiel erfolgreichen Menschen und unterstützenden Freunden und Familie.

Üben Sie Dankbarkeit: Üben Sie Dankbarkeit und konzentrieren Sie sich auf die positiven Aspekte Ihres Lebens, anstatt sich mit dem Negativen zu beschäftigen.

E. Fazit

Einschränkende Überzeugungen zu verstehen und zu verstehen, wie sie Sie zurückhalten, ist ein wichtiger Teil des Gesetzes der Anziehung und des finanziellen Erfolgs. Indem Sie einschränkende Überzeugungen erkennen und überwinden, können Sie Wohlstand und Erfolg in Ihr Leben bringen und Ihre finanziellen Ziele erreichen. Indem Sie sich auf positive Selbstgespräche konzentrieren, sich mit positiven Einflüssen umgeben und Dankbarkeit üben, können Sie eine positivere und erfolgreichere Denkweise entwickeln.

Kapitel 1 6 . Strategien zur Überwindung einschränkender Glaubenssätze

A. Identifizieren Sie einschränkende Überzeugungen

Der erste Schritt zur Überwindung einschränkender Überzeugungen besteht darin, sie zu identifizieren. Fragen Sie sich, welche negativen Gedanken und Überzeugungen Sie zurückhalten, und schreiben Sie sie auf. Dies wird Ihnen helfen zu verstehen, woran Sie arbeiten müssen.

B. Begrenzende Überzeugungen neu formulieren

Sobald Sie Ihre einschränkenden Überzeugungen identifiziert haben, formulieren Sie sie neu. Wenn Sie beispielsweise glauben, dass „Geld die Wurzel allen Übels ist", formulieren Sie es um in „Geld ist ein Werkzeug, das zum Guten eingesetzt werden kann".

C. Begrenzende Überzeugungen in Frage stellen

Stellen Sie Ihre einschränkenden Überzeugungen in Frage, indem Sie sich fragen, ob sie wirklich wahr sind. Können Sie sich Beispiele in Ihrem Leben oder im Leben anderer vorstellen, die Ihren einschränkenden Überzeugungen widersprechen? Dies wird Ihnen helfen zu erkennen, dass Ihre einschränkenden Überzeugungen keine absoluten Wahrheiten sind.

D. Umgeben Sie sich mit positiven Einflüssen

Umgeben Sie sich mit positiven Einflüssen wie erfolgreichen Menschen, unterstützenden Freunden und Familie sowie positiven Büchern und Medien. Dies wird Ihnen helfen, eine positive und erfolgreiche Denkweise zu entwickeln.

E. Üben Sie positive Selbstgespräche

Üben Sie positive Selbstgespräche, indem Sie sich jeden Tag positive Affirmationen wiederholen. Dies wird Ihnen helfen, positive Glaubenssätze zu verinnerlichen und negative Gedanken und einschränkende Glaubenssätze zu überwinden.

F. Konzentrieren Sie sich auf Ihre Stärken und Erfolge

Konzentrieren Sie sich auf Ihre Stärken und Erfolge und nicht auf Ihre Grenzen und Misserfolge. Dies wird Ihnen helfen, Selbstvertrauen und Selbstwertgefühl aufzubauen und einschränkende Überzeugungen in Bezug auf das Selbstwertgefühl zu überwinden.

G. Suchen Sie professionelle Hilfe

Wenn Sie Schwierigkeiten haben, einschränkende Überzeugungen alleine zu überwinden, sollten Sie darüber nachdenken, professionelle Hilfe in Anspruch zu nehmen. Ein Therapeut oder Coach kann Ihnen helfen, einschränkende Glaubenssätze zu erkennen und zu überwinden und eine positive und erfolgreiche Denkweise zu entwickeln.

H. Fazit

Die Überwindung einschränkender Überzeugungen ist ein wichtiger Teil des Gesetzes der Anziehung und des finanziellen Erfolgs. Mithilfe der oben beschriebenen Strategien können Sie einschränkende Überzeugungen erkennen und überwinden und Wohlstand und Erfolg in Ihr Leben bringen. Denken Sie daran, dass die Veränderung negativer Gedankenmuster Zeit und Geduld erfordert, aber mit Beharrlichkeit und Entschlossenheit können Sie eine positive und erfolgreiche Denkweise entwickeln.

Kapitel 1 7 . Umgang mit Hindernissen und Rückschlägen

A. Erkennen Sie Hindernisse und Rückschläge als Chancen

Es ist wichtig, Hindernisse und Rückschläge als Chancen für Wachstum und Lernen zu erkennen. Betrachten Sie sie nicht als Misserfolge, sondern als Herausforderungen, die Ihnen helfen, stärker und widerstandsfähiger zu werden.

B. Bleiben Sie positiv

Behalten Sie eine positive Einstellung bei, auch wenn Sie mit Hindernissen und Rückschlägen konfrontiert werden. Denken Sie daran, dass Rückschläge nur vorübergehender Natur sind und dass Sie die Kraft haben, sie zu überwinden.

C. Konzentrieren Sie sich auf Ihre Ziele

Konzentrieren Sie sich auf Ihre Ziele, auch wenn Sie mit Hindernissen und Rückschlägen konfrontiert werden. Denken Sie daran, warum Sie sich Ihre Ziele setzen und was Sie erreichen möchten. Dies wird Ihnen helfen, motiviert zu bleiben und auf dem richtigen Weg zu bleiben.

D. Lösungen finden

Konzentrieren Sie sich darauf, Lösungen zu finden, anstatt sich mit dem Problem zu beschäftigen. Fragen Sie sich, was Sie tun können, um das Hindernis oder den Rückschlag zu überwinden, und ergreifen Sie Maßnahmen.

E. Suchen Sie Unterstützung

Suchen Sie Unterstützung bei Freunden, Familie oder einem Trainer, wenn Sie Hilfe bei der Überwindung eines Hindernisses oder Rückschlags benötigen. Jemanden zum Reden zu haben, kann Ihnen helfen, positiv und motiviert zu bleiben.

F. Lernen Sie aus Ihren Fehlern

Lernen Sie aus Ihren Fehlern und nutzen Sie das Gelernte, um sich in Zukunft zu verbessern. Dies wird Ihnen helfen, ähnliche Hindernisse und Rückschläge in Zukunft zu vermeiden.

G. Bleiben Sie Ihren Zielen treu

Bleiben Sie Ihren Zielen treu, auch wenn Sie mit Hindernissen und Rückschlägen konfrontiert werden. Denken Sie daran, dass Rückschläge ein natürlicher Teil des Weges zum Erfolg sind und dass Sie die Kraft haben, sie zu überwinden.

H. Fazit

Hindernisse und Rückschläge sind ein natürlicher Teil des Weges zum Erfolg. Indem Sie positiv, konzentriert und Ihren Zielen verpflichtet bleiben, können Sie Hindernisse und Rückschläge überwinden und Ihre finanziellen Ziele erreichen. Denken Sie daran, Hindernisse und Rückschläge als Chancen für Wachstum und Lernen zu betrachten und motiviert zu bleiben und sich auf Ihre Ziele zu konzentrieren.

Kapitel 18. Von Krankheit zu Wohlbefinden:

Das heilende Potenzial des Gesetzes der Anziehung zur Erreichung optimaler Gesundheit.

Mittlerweile kennen Sie bereits die unglaubliche Kraft des Gesetzes der Anziehung, das genutzt werden kann, um Fülle und Erfolg in allen Lebensbereichen zu manifestieren. Sie wissen, dass Sie das Leben Ihrer Träume verwirklichen können, indem Sie Ihre Gedanken und Überzeugungen auf positive Ergebnisse konzentrieren. Aber wussten Sie, dass diese Kraft auch auf Ihre Gesundheit angewendet werden kann? Das ist richtig – das Gesetz der Anziehung kann Ihnen nicht nur dabei helfen, Reichtum anzuziehen, sondern auch Wunder für Ihr körperliches und geistiges Wohlbefinden zu bewirken. Ihre Gedanken und Überzeugungen haben einen tiefgreifenden Einfluss auf Ihr körperliches Wohlbefinden, und indem Sie die Kraft des Gesetzes der Anziehung nutzen, können Sie Wunder für Ihre Gesundheit bewirken.

Viele von uns haben irgendwann in ihrem Leben mit gesundheitlichen Problemen zu kämpfen. Wir können unter chronischen Schmerzen, Krankheit, Unwohlsein oder einfach einem allgemeinen Unwohlsein leiden. Diese Herausforderungen können überwältigend sein und man fühlt sich angesichts medizinischer Diagnosen und Behandlungen leicht machtlos. Aber die Wahrheit ist, dass wir nicht so machtlos sind, wie wir vielleicht denken. Unsere Gedanken und Überzeugungen haben einen tiefgreifenden Einfluss auf unseren Körper, und indem wir die Kraft des Gesetzes der Anziehung nutzen, können wir tatsächlich Heilung und Wohlbefinden fördern.

Zunächst ist es wichtig, den Zusammenhang zwischen unseren Gedanken, Emotionen und unserem körperlichen Wohlbefinden zu erkennen. Negative Gedanken und Emotionen können unsere körperliche Gesundheit beeinträchtigen, während positive Gedanken und Emotionen die Heilung und das Wohlbefinden fördern können. Dies liegt daran, dass unsere Gedanken und Emotionen eine Schwingungsfrequenz aussenden, die unsere Zellen und Organe beeinflussen kann. Unser Körper vibriert ständig, genau wie alles andere im Universum. Wenn unsere Schwingung niedrig ist, können körperliche Symptome und Krankheiten auftreten. Wenn unsere Schwingung jedoch hoch ist, fühlen wir uns energiegeladen und gesund. Das Gesetz der Anziehung betont, dass wir das anziehen, was wir vibrieren, was bedeutet, dass negative Emotionen wie Stress, Angst und Wut niedrigere Frequenzen erzeugen, die den Energiefluss in unserem Körper stören und zu körperlichen und emotionalen Ungleichgewichten führen können. Diese Ungleichgewichte können zu verschiedenen Gesundheitsproblemen führen, von leichter Müdigkeit bis hin zu chronischen Krankheiten wie Krebs und Herzerkrankungen. Umgekehrt erzeugen positive Emotionen wie Dankbarkeit, Liebe und Freude höhere

157

Frequenzen, die die Heilung und Verjüngung in unserem Körper fördern. Wenn wir uns auf positive Gedanken und Emotionen konzentrieren, können wir unser Energiefeld mit dem des Universums in Einklang bringen und so gute Gesundheit und Vitalität anziehen.

Wie können wir dieses Wissen also nutzen, um Gesundheit und Heilung zu fördern? Vor diesem Hintergrund ist es leicht zu erkennen, wie das Gesetz der Anziehung zur Verbesserung Ihrer Gesundheit genutzt werden kann. Der erste Schritt besteht darin, positive Gedanken und Überzeugungen über unseren Körper und unsere Gesundheit zu kultivieren. Indem Sie sich auf positive Gedanken und Emotionen konzentrieren, können Sie eine Schwingungsfrequenz erzeugen, die Gesundheit und Vitalität anzieht. Dies kann eine Herausforderung sein, insbesondere wenn wir schon seit langem mit gesundheitlichen Problemen zu kämpfen haben. Aber denken Sie daran, dass das Gesetz der Anziehung auf das wirkt, worauf wir uns konzentrieren. Wenn wir uns also weiterhin auf unsere Krankheit oder unseren Schmerz konzentrieren, werden wir nur noch mehr davon anziehen. Stattdessen müssen wir unseren Fokus auf Gedanken an Gesundheit und Wohlbefinden verlagern. Das bedeutet, negative Überzeugungen und Emotionen loszulassen, die Sie möglicherweise zurückhalten, und sich stattdessen auf das zu konzentrieren, was Sie in Ihrem Leben schaffen möchten.

Visualisierung: Visualisierung ist eine wirksame Technik zur Nutzung des Gesetzes der Anziehung zur Verbesserung Ihrer Gesundheit. Indem Sie sich vorstellen, dass Sie vollkommen gesund sind, beginnt Ihr Unterbewusstsein zu glauben, dass es wahr ist, und Sie werden diese Realität in Ihr Leben ziehen. Atmen Sie zunächst ein paar Mal tief durch und schließen Sie die Augen. Stellen Sie sich vor, Sie wären voller Energie, lebendig und glücklich. Erleben Sie, wie Sie Ihren Lieblingsbeschäftigungen nachgehen und sich großartig fühlen. Halten Sie dieses Bild einige Minuten lang im Kopf und wiederholen Sie diese Übung regelmäßig.

Eine Möglichkeit, Ihre Visualisierungspraxis zu verbessern, besteht darin, geführte Meditationen zu verwenden, die speziell für die Gesundheitsvisualisierung entwickelt wurden. Sie finden diese online oder in geführten Meditations-Apps. Bei einer geführten Meditation zur Visualisierung perfekter Gesundheit werden Sie beispielsweise aufgefordert, sich vorzustellen, wie ein helles Licht in Ihren Körper eindringt und Sie mit heilender Energie erfüllt. Während Sie dieses Licht visualisieren, können Sie auch positive Affirmationen an sich selbst wiederholen, wie zum Beispiel „Ich bin gesund und stark."

Neben der Visualisierung ist es wichtig, Maßnahmen zur Erreichung Ihrer Gesundheitsziele zu ergreifen. Das Gesetz der Anziehung kann helfen, Wunder zu bewirken, aber es ist auch wichtig, Ihren Körper durch gesunde Gewohnheiten und

Praktiken zu unterstützen. Dazu können eine nahrhafte Ernährung, regelmäßige Bewegung und Selbstpflegemaßnahmen gehören, die Ihr körperliches, emotionales und spirituelles Wohlbefinden unterstützen. Durch die Kombination von Visualisierung mit gesunden Gewohnheiten können Sie eine starke Synergie schaffen, die Ihnen hilft, optimale Gesundheit und Wohlbefinden zu erreichen.

Positive Affirmationen für die Gesundheit:

Affirmationen werden seit Jahrhunderten verwendet, um das Unterbewusstsein neu zu programmieren und unsere Gedanken und Gefühle mit unseren Wünschen in Einklang zu bringen. Die Kraft von Affirmationen liegt in ihrer Fähigkeit, unsere Überzeugungen, Einstellungen und Verhaltensweisen zu formen, indem sie neue Nervenbahnen in unserem Gehirn schaffen. Wenn wir positive Affirmationen in Bezug auf Gesundheit und Wohlbefinden wiederholen, senden wir eine Botschaft an unser Unterbewusstsein, dass wir in der Lage sind, optimale Gesundheit und Vitalität zu erreichen.

Einer der wichtigsten Aspekte von Affirmationen ist die Sprache, die wir verwenden. Es ist wichtig, unsere Affirmationen in einem positiven Licht zu formulieren und negative Ausdrücke wie „Ich bin nicht krank" oder „Ich habe keine Schmerzen" zu vermeiden. Stattdessen sollten wir uns auf das konzentrieren, was wir erreichen wollen, wie zum Beispiel „Ich bin gesund und vital" oder „Ich bin schmerzfrei und voller Energie." Dieser positive Rahmen hilft uns, eine positivere Einstellung zu schaffen und mehr Positivität in unser Leben zu ziehen.

Ein weiteres Schlüsselelement von Affirmationen ist die Wiederholung. Es ist wichtig, unsere Affirmationen regelmäßig leise oder laut zu wiederholen, um die positive Botschaft, die wir an unser Unterbewusstsein senden, zu verstärken. Indem wir unsere Affirmationen konsequent wiederholen, können wir beginnen, unsere Denkweise und Überzeugungen über unsere Gesundheit und unser Wohlbefinden zu ändern.

Schließlich ist es wichtig, Affirmationen mit Absicht und Achtsamkeit zu praktizieren. Wir sollten Affirmationen wählen, die uns persönlich ansprechen und mit unseren Zielen und Wünschen übereinstimmen. Es ist auch hilfreich, sich jeden Tag Zeit zu nehmen, um sich auf unsere Affirmationen zu konzentrieren und sich vorzustellen, wie wir die gewünschten Ergebnisse erzielen. Auf diese Weise können wir die Kraft unseres Unterbewusstseins nutzen und die Gesundheit und Vitalität manifestieren, die wir uns wünschen.

Hier sind einige weitere Beispiele für gesundheitsbezogene Affirmationen, mit denen Sie Ihr Wohlbefinden steigern können:

Mein Körper ist stark, gesund und belastbar.

Ich bin voller lebendiger Energie und Vitalität.

Ich strahle Gesundheit und Wohlbefinden aus.

Ich bin dankbar für meinen Körper und alles, was er für mich tut.

Ich vertraue auf die Selbstheilungskräfte meines Körpers.

Jede Zelle meines Körpers vibriert vor Gesundheit und Vitalität.

Ich bin im Frieden mit meinem Körper und meinem Geist.

Ich bin frei von Schmerzen und Beschwerden.

Ich bin erfüllt von Liebe und Mitgefühl für mich selbst und andere.

Ich lebe ein Leben voller Gesundheit, Glück und Fülle.

Affirmationen sind ein wirksames Instrument zur Verbesserung unserer Gesundheit und unseres Wohlbefindens. Indem wir eine positive Sprache verwenden, unsere Affirmationen regelmäßig wiederholen und sie mit Absicht und Achtsamkeit praktizieren, können wir unser Unterbewusstsein neu programmieren und mehr Gesundheit und Vitalität in unser Leben bringen.

Dankbarkeit für die Gesundheit: Dankbarkeit ist ein unglaublich starkes Gefühl, das nachweislich zahlreiche gesundheitliche Vorteile hat. Es kann unser Energiefeld vom Negativen zum Positiven verändern und so mehr Positivität und Fülle in unser Leben ziehen. Indem wir uns auf die Dinge konzentrieren, für die wir dankbar sind, können wir unser allgemeines Wohlbefinden verbessern und die Heilung unseres Körpers fördern.

Es gibt viele Möglichkeiten, Dankbarkeit zu üben. Eine einfache Möglichkeit besteht darin, sich jeden Tag ein paar Momente Zeit zu nehmen, um die Dinge aufzuschreiben oder darüber nachzudenken, für die Sie in Ihrem Leben dankbar sind. Das kann alles sein, von Ihrer Gesundheit und Familie bis hin zum Dach über dem Kopf und dem Essen auf Ihrem Tisch. Hier sind einige weitere Beispiele, wie Sie Dankbarkeit in Ihrem täglichen Leben üben können:

Dankbarkeitstagebuch: Erstellen Sie ein Dankbarkeitstagebuch, in dem Sie jeden Tag die Dinge aufschreiben, für die Sie dankbar sind. Dies ist eine großartige Möglichkeit, über die positiven Aspekte Ihres Lebens nachzudenken und sich auf die guten Dinge zu konzentrieren.

Dankbarkeitsmeditation: Nehmen Sie sich jeden Tag etwas Zeit, um über die Dinge zu meditieren, für die Sie dankbar sind. Konzentrieren Sie sich auf Ihren Atem und erlauben Sie sich, Dankbarkeit für die Segnungen in Ihrem Leben zu empfinden.

Dankbarkeitsglas: Gestalten Sie ein Dankbarkeitsglas, indem Sie auf einen Zettel schreiben, wofür Sie jeden Tag dankbar sind, und ihn in das Glas stecken. Mit der Zeit können Sie auf all das, was Sie aufgeschrieben haben, zurückblicken und über die positiven Aspekte Ihres Lebens nachdenken.

Dankbarkeitsbrief: Schreiben Sie einen Brief an jemanden, für den Sie dankbar sind, und drücken Sie darin Ihre Dankbarkeit für seine Anwesenheit in Ihrem Leben aus. Dies kann eine wirkungsvolle Übung sein, um Dankbarkeit zu kultivieren und Ihre Beziehungen zu stärken.

Indem Sie Dankbarkeit in Ihr tägliches Leben integrieren, können Sie Ihre Energie in Richtung Positivität und Fülle verlagern und so Heilung und Wohlbefinden in Ihrem Körper und Geist fördern.

Das Gesetz der Anziehung und die Kraft des positiven Denkens können einen tiefgreifenden Einfluss auf unsere allgemeine Gesundheit und unser Wohlbefinden haben. Diese Konzepte können auf jeden Aspekt unseres Lebens angewendet werden, einschließlich unserer körperlichen, geistigen und emotionalen Gesundheit. Indem wir die Kraft unserer Gedanken und Überzeugungen nutzen, können wir Wunder vollbringen und sogar Krankheiten heilen, die einst als unheilbar galten.

Es ist wichtig zu beachten, dass das Gesetz der Anziehung kein Ersatz für medizinische Behandlung oder professionellen Rat ist. Es soll in Verbindung mit diesen Dingen als ergänzender Heilungsansatz verwendet werden. Lassen Sie uns nun untersuchen, wie sich das Gesetz der Anziehung positiv auf unsere Gesundheit auswirken kann.

Unsere Gedanken und Überzeugungen sind unglaublich kraftvoll. Sie haben die Fähigkeit, unsere Realität zu formen und die Ergebnisse zu beeinflussen, die wir in unserem Leben erleben. Wenn es um unsere Gesundheit geht, können unsere Gedanken und Überzeugungen unser körperliches, geistiges und emotionales Wohlbefinden beeinflussen. Wenn wir ständig daran denken und uns Sorgen darüber machen, krank zu werden, können wir tatsächlich Krankheiten in unser Leben ziehen. Unsere negativen Gedanken und Ängste können unser Immunsystem schwächen und uns anfälliger für Krankheiten machen. Wenn wir uns andererseits auf Gesundheit und Wohlbefinden konzentrieren, können wir positive Ergebnisse erzielen und einen stärkeren, gesünderen Körper und Geist schaffen.

Das Gesetz der Anziehung basiert auf dem Prinzip, dass wir unsere Wünsche und Ziele manifestieren können, indem wir unsere Gedanken und Energie darauf konzentrieren. Indem wir dasselbe Prinzip anwenden, können wir auch eine gute Gesundheit und einen krankheitsfreien Körper manifestieren. Dies mag wie eine weit hergeholte Idee erscheinen, aber zahlreiche Studien haben gezeigt, dass unsere Gedanken und Überzeugungen einen direkten Einfluss auf unsere körperliche Gesundheit haben können.

Einer der ersten Schritte, um die Kraft des Gesetzes der Anziehung für unsere Gesundheit zu nutzen, besteht darin, negative Gedanken loszulassen. Negative Gedanken und Emotionen können tiefgreifende Auswirkungen auf unsere körperliche Gesundheit haben. Indem wir negative Gedanken und Emotionen loslassen, schaffen wir Raum für positive Energie und Gesundheit, die in unser Leben fließen können. Wir können Achtsamkeit und Meditation üben, um uns unserer Gedanken und Gefühle bewusster zu werden. Wenn negative Gedanken oder Emotionen auftauchen, können wir sie anerkennen und loslassen. Die Konzentration auf positive Gedanken und Emotionen kann uns dabei helfen, mehr Gesundheit und Wohlbefinden in unser Leben zu bringen.

Ein weiterer wichtiger Schritt, um die Kraft des Gesetzes der Anziehung für unsere Gesundheit zu nutzen, ist die Ausübung von Selbstfürsorge. Für eine gute Gesundheit ist es von entscheidender Bedeutung, auf unser körperliches und emotionales Wohlbefinden zu achten. Durch Aktivitäten zur Selbstfürsorge wie Meditation, Yoga oder regelmäßige Bewegung können wir Stress reduzieren, die Entspannung fördern und unser Energieniveau steigern. Diese Aktivitäten können uns auch dabei helfen, ein Gefühl von innerem Frieden und Zufriedenheit zu entwickeln, was sich positiv auf unser allgemeines Wohlbefinden auswirken kann.

Auch das Vertrauen in das Universum ist ein entscheidender Aspekt des Gesetzes der Anziehung. Indem wir darauf vertrauen, dass dem Universum unser Wohl am Herzen liegt, können wir Ängste und Ängste loslassen und mehr positive Energie in unser Leben ziehen. Dem Universum zu vertrauen bedeutet zu glauben, dass wir Gesundheit und Wohlbefinden verdienen. Wir können negative Gedanken loslassen und darauf vertrauen, dass das Universum hinter uns steht. Dadurch können wir Gesundheit und Wohlbefinden in unser Leben bringen.

Fazit: Neben der Anwendung der Techniken des Gesetzes der Anziehung ist es von entscheidender Bedeutung, auf unsere körperliche Gesundheit zu achten. Dazu gehört eine gesunde Ernährung, regelmäßige Bewegung sowie ausreichend Ruhe und Schlaf. Dadurch schaffen wir eine solide Grundlage für die effektive Wirkung des Gesetzes der Anziehung.

Zusammenfassend lässt sich sagen, dass das Gesetz der Anziehung ein wirksames Instrument zur Verbesserung unserer Gesundheit und unseres Wohlbefindens ist. Indem wir auf unsere Gedanken und Überzeugungen achten, Affirmationen, Visualisierung und Dankbarkeit praktizieren und auf unsere körperliche Gesundheit achten, können wir positive Ergebnisse erzielen und uns sogar von Krankheiten heilen, die einst als unheilbar galten. Der Schlüssel liegt darin, an die Kraft des Gesetzes der Anziehung zu glauben und an den Heilungsprozess zu glauben.

Zusammenfassend lässt sich sagen, dass wir durch die Anwendung des Gesetzes der Anziehung optimale Gesundheit und Wohlbefinden in unser Leben bringen können. Indem wir uns auf positive Gedanken und Emotionen konzentrieren, Negativität loslassen und Vertrauen in das Universum haben, können wir ein glücklicheres und gesünderes Leben schaffen.

Es ist wichtig zu bedenken, dass die Verbindung zwischen Geist und Körper ein wirkungsvolles Werkzeug ist und dass unsere Gedanken und Gefühle einen erheblichen Einfluss auf unsere körperliche Gesundheit haben können.

Es ist jedoch wichtig zu beachten, dass das Gesetz der Anziehung keine medizinische Behandlung oder Beratung ersetzt. Bei gesundheitlichen Problemen ist es immer wichtig, sich von einem qualifizierten Arzt beraten zu lassen. Dennoch können wir unseren Heilungsprozess verbessern, indem wir das Gesetz der Anziehung mit medizinischer Behandlung kombinieren.

Letztendlich kann das Gesetz der Anziehung ein wirksames Instrument sein, um optimale Gesundheit und Wohlbefinden zu erreichen. Indem wir unsere Gedanken, Gefühle und Energie mit unseren Wünschen in Einklang bringen, können wir eine gute Gesundheit manifestieren und sogar Krankheiten heilen, die zuvor als unheilbar galten. Sich um sich selbst zu kümmern, negative Gedanken loszulassen und an das Universum zu glauben, ist unerlässlich, um Gesundheit und Wohlbefinden in unser Leben zu bringen.

Kapitel 19: Wie das Gesetz der Anziehung helfen kann, Ihre Ehe zu retten

Die Ehe ist eine heilige Verbindung zwischen zwei Menschen, die in der Hoffnung zusammenkommen, ein Leben voller Liebe, Kameradschaft und Glück aufzubauen. Mit der Zeit können jedoch der Druck und die Anforderungen des Alltags die Beziehung belasten und zu Gefühlen der Distanz, des Misstrauens und des Grolls führen.

Wenn Sie Schwierigkeiten in Ihrer Ehe haben, kann Ihnen das Gesetz der Anziehung dabei helfen, die Dinge zu ändern und die Liebe und das Vertrauen, die Sie einst geteilt haben, wieder aufzubauen. Das Gesetz der Anziehung ist eine mächtige Kraft, die auf dem Prinzip basiert, dass Sie die Dinge in Ihr Leben ziehen, auf die Sie sich konzentrieren und denen Sie Ihre Energie widmen. Wenn Sie sich also auf positive Gedanken und Emotionen konzentrieren, werden Sie positive Ergebnisse und Erfahrungen in Ihr Leben ziehen, einschließlich einer glücklichen und erfüllenden Ehe.

Hier sind einige praktische Tipps, wie Sie das Gesetz der Anziehung nutzen können, um Ihre Ehe zu retten:

Stellen Sie sich eine glückliche und erfüllte Ehe vor: Verbringen Sie jeden Tag etwas Zeit damit, sich Ihre Ehe so vorzustellen, wie Sie sie gerne hätten. Stellen Sie sich und Ihren Partner als glücklich und verliebt vor, kommunizieren Sie offen und ehrlich und unterstützen Sie sich gegenseitig in allen Aspekten des Lebens. Konzentrieren Sie sich auf die positiven Gefühle und Emotionen, die diese Visualisierung hervorruft, und lassen Sie diese Emotionen Ihr Herz erfüllen.

Üben Sie Dankbarkeit: Bemühen Sie sich bewusst, die Dinge zu schätzen und anzuerkennen, die Ihr Partner für Sie tut, egal wie klein sie auch sein mögen. Indem Sie sich auf die positiven Aspekte Ihrer Ehe konzentrieren, werden Sie mehr Positivität und Liebe in Ihre Beziehung bringen.

Kommunizieren Sie offen und ehrlich: Einer der Schlüsselfaktoren, die zu Eheproblemen beitragen, ist mangelnde Kommunikation. Verpflichten Sie sich, offen und ehrlich mit Ihrem Partner zu kommunizieren und Ihre Gedanken, Gefühle und Sorgen mitzuteilen. Wenn Sie dies tun, schaffen Sie einen Raum für gegenseitiges Verständnis und Empathie, der für eine gesunde und liebevolle Beziehung unerlässlich ist.

Negativität loslassen: Das Festhalten an Groll und negativen Gefühlen kann für eine Ehe schädlich sein. Üben Sie stattdessen Vergebung und lassen Sie alle negativen Emotionen los, an denen Sie möglicherweise festhalten. Dies wird einen Raum für Heilung und positive Veränderungen in Ihrer Beziehung schaffen.

Konzentrieren Sie sich auf den gegenwärtigen Moment: Anstatt über vergangene Fehler nachzudenken oder sich Sorgen um die Zukunft zu machen, konzentrieren Sie sich auf den gegenwärtigen Moment und machen Sie das Beste aus der Zeit, die Sie mit Ihrem Partner haben. Dies wird Ihnen helfen, die kleinen Momente der Freude und Verbundenheit in Ihrer Ehe zu schätzen und darauf aufzubauen.

Zusammenfassend lässt sich sagen, dass das Gesetz der Anziehung ein wirksames Instrument zur Rettung einer in Schwierigkeiten geratenen Ehe sein kann. Indem Sie sich auf Positivität, Dankbarkeit und offene Kommunikation konzentrieren, können Sie mehr Liebe und Glück in Ihre Beziehung bringen und die erfüllende und dauerhafte Ehe aufbauen, die Sie verdienen.

Kapitel 20: Kinder

Wie das Gesetz der Anziehung in Ihrer Beziehung zu Ihren Kindern helfen kann

Als Eltern sind Ihre Kinder das Kostbarste in Ihrem Leben. Sie möchten, dass sie Erfolg haben, gute Entscheidungen treffen und ein glückliches Leben führen. Manchmal scheint es jedoch, dass sie den falschen Weg einschlagen, nicht auf Ihren Rat hören und keine Verantwortung übernehmen. Dies kann für alle Eltern eine herausfordernde und stressige Situation sein, aber es gibt eine Möglichkeit, die Beziehung zu Ihren Kindern zu verbessern und sie in eine bessere Zukunft zu führen. Dieser Weg geschieht durch das Gesetz der Anziehung.

Beim Gesetz der Anziehung geht es nicht nur darum, Reichtum oder Erfolg zu manifestieren; Es kann auch auf Beziehungen angewendet werden, einschließlich der Beziehung zu Ihren Kindern. Indem Sie die Prinzipien des Gesetzes der Anziehung verstehen und anwenden, können Sie ein besserer Freund und Ratgeber für Ihre Kinder werden und ihnen helfen, die richtigen Entscheidungen zu treffen und selbstbewusst im Leben voranzukommen.

Der erste Schritt bei der Nutzung des Gesetzes der Anziehung zur Verbesserung Ihrer Beziehung zu Ihren Kindern besteht darin, sich auf positive Gedanken und Energie zu konzentrieren. Anstatt sich Gedanken darüber zu machen, was sie falsch machen, konzentrieren Sie sich auf die Dinge, die sie richtig machen. Suchen Sie nach den positiven Eigenschaften Ihrer Kinder und konzentrieren Sie sich auf diese. Wenn Sie sich auf positive Gedanken und Energie konzentrieren, ziehen Sie mehr positive Dinge in Ihr Leben, einschließlich besserer Beziehungen zu Ihren Kindern.

Ein weiterer wichtiger Aspekt bei der Anwendung des Gesetzes der Anziehung bei Ihren Kindern besteht darin, die Kontrolle loszulassen. Sie können die Entscheidungen Ihrer Kinder nicht kontrollieren, aber Sie können Ihre Reaktionen darauf kontrollieren. Vertrauen Sie darauf, dass Ihre Kinder die richtigen Entscheidungen treffen und vertrauen Sie darauf, dass sie dazu in der Lage sind. Wenn Sie die Kontrolle loslassen, geben Sie Ihren Kindern die Freiheit, zu wachsen und aus ihren Fehlern zu lernen, was ein wesentlicher Teil der Reise zum Erfolg ist.

Kommunikation ist auch für die Verbesserung Ihrer Beziehung zu Ihren Kindern von entscheidender Bedeutung. Üben Sie aktives Zuhören und stellen Sie sicher, dass Sie wirklich hören, was sie sagen. Wenn sie ihre Gedanken und Gefühle mit Ihnen teilen, bestätigen Sie ihre Gefühle und zeigen Sie Empathie. Dadurch fühlen sie sich verstanden und unterstützt, was zu einer besseren Kommunikation und einer stärkeren Beziehung führen kann.

Wenn Ihre Kinder schlechte Entscheidungen treffen oder sich ungesund verhalten, kann es schwierig sein, zu wissen, was zu tun ist. Wenn Sie jedoch das Gesetz der Anziehung anwenden, können Sie die Situation von einem Standpunkt der Liebe und Positivität aus angehen. Anstatt sie zu kritisieren oder zu bestrafen, versuchen Sie, die Ursachen ihres Verhaltens zu verstehen. Suchen sie Aufmerksamkeit oder Bestätigung? Kämpfen sie mit Angstzuständen oder Depressionen? Indem Sie die Grundursachen ihres Verhaltens verstehen, können Sie ihnen dabei helfen, gesündere Entscheidungen und eine positivere Einstellung zu treffen.

Neben der Konzentration auf positive Gedanken und Energie, dem Loslassen der Kontrolle und dem aktiven Zuhören gibt es noch andere Möglichkeiten, wie das Gesetz der Anziehung dazu beitragen kann, die Beziehung zu Ihren Kindern zu verbessern. Visualisierung ist ein leistungsstarkes Werkzeug, das Ihnen helfen kann, positive Ergebnisse in Ihrem Leben zu erzielen. Verbringen Sie jeden Tag Zeit damit, sich Ihre Beziehung zu Ihren Kindern als glücklich, gesund und unterstützend vorzustellen. Stellen Sie sich vor, dass sie positive Entscheidungen treffen, ihre Ziele erreichen und ein glückliches Leben führen. Dies kann dazu beitragen, Ihre Energie zu verändern und mehr positive Erfahrungen in Ihr Leben zu locken.

Eine andere Möglichkeit, das Gesetz der Anziehung bei Ihren Kindern anzuwenden, besteht darin, ihnen positives

Verhalten vorzuleben. Kinder lernen durch Vorbilder, und wenn sie sehen, dass Sie positive Gedanken und Energie praktizieren, ist die Wahrscheinlichkeit größer, dass sie dasselbe tun. Stellen Sie sicher, dass Sie auf Ihre eigene emotionale und geistige Gesundheit achten und Selbstfürsorge betreiben. Dies wird Ihnen nicht nur helfen, ein besserer Elternteil zu sein, sondern auch ein positives Beispiel für Ihre Kinder sein.

Zusammenfassend lässt sich sagen, dass das Gesetz der Anziehung ein wirksames Instrument zur Verbesserung Ihrer Beziehung zu Ihren Kindern sein kann. Indem Sie sich auf positive Gedanken und Energie konzentrieren, die Kontrolle loslassen, aktives Zuhören üben und Visualisierung nutzen, können Sie Harmonie mit Ihren Kindern herstellen.

Kapitel 21: Das Gesetz der Anziehung im Büro:

In der heutigen wettbewerbsintensiven Unternehmenswelt ist es wichtig, nicht nur über die erforderlichen Fähigkeiten und Qualifikationen zu verfügen, sondern auch eine positive Einstellung und Denkweise zu haben, um erfolgreich zu sein. Hier kommt das Gesetz der Anziehung ins Spiel, denn es ist ein wirkungsvolles Werkzeug, das Ihnen dabei helfen kann, Erfolg, Anerkennung und Wertschätzung im Büro zu erzielen.

Wenn Sie bei Ihren Projekten ständig mit Problemen konfrontiert sind und sich im Büro unterbewertet fühlen, ist es an der Zeit, Ihre Denkweise und Arbeitsweise zu ändern. Der erste Schritt zum Erfolg mit dem Gesetz der Anziehung besteht darin, sich auf Ihre Gedanken und Gefühle zu konzentrieren. Unsere Gedanken erschaffen unsere Realität, und wenn Sie ständig negative Gedanken haben, werden Sie negative Ergebnisse nach sich ziehen. Fangen Sie also an, positiv über sich selbst und Ihre Arbeit zu denken, glauben Sie an sich selbst und Ihre Fähigkeiten und üben Sie sich in Dankbarkeit für die Chancen, die sich Ihnen bieten.

Als nächstes ist es wichtig, an Ihren Beziehungen zu Ihren Kollegen und Vorgesetzten im Büro zu arbeiten. Es reicht nicht aus, gut in Ihrem Job zu sein; Sie müssen außerdem als Teamplayer wahrgenommen werden und einen positiven Einfluss am Arbeitsplatz haben. Konzentrieren Sie sich auf den

Aufbau von Beziehungen, die auf Vertrauen, Respekt und Empathie basieren. Seien Sie freundlich, unterstützend und kooperativ mit Ihren Kollegen und bieten Sie, wann immer möglich, Hilfe und Unterstützung an. Dies wird dazu beitragen, ein positives Arbeitsumfeld zu schaffen, und Ihre Kollegen werden Ihre Beiträge eher wertschätzen und wertschätzen.

Ein weiterer wesentlicher Faktor bei der Nutzung des Gesetzes der Anziehung für den Erfolg im Büro ist, proaktiv zu sein und die Initiative zu ergreifen. Warten Sie nicht auf Gelegenheiten, die sich Ihnen bieten; Erstellen Sie sie stattdessen selbst. Übernehmen Sie zusätzliche Verantwortung und Herausforderungen und präsentieren Sie Ihren Vorgesetzten Ihre Fähigkeiten und Fertigkeiten. Dies zeigt Ihr Engagement und Ihre Hingabe für Ihre Arbeit und macht Sie zu einem wertvollen Mitarbeiter.

Darüber hinaus ist es wichtig, flexibel und anpassungsfähig an Veränderungen zu sein. Die Unternehmenswelt entwickelt sich ständig weiter und es ist wichtig, mit den neuesten Trends und Technologien Schritt zu halten. Seien Sie offen für das Erlernen neuer Fähigkeiten und die Erweiterung Ihrer Wissensbasis. Dies wird Ihnen helfen, immer einen Schritt voraus zu sein und Sie zu einem Gewinn für Ihr Unternehmen zu machen.

Vergessen Sie nicht, Ihren Erfolg mithilfe des Gesetzes der Anziehung zu visualisieren. Machen Sie sich im Kopf ein Bild von den Ergebnissen, die Sie sich wünschen, und stellen Sie sich vor, wie Sie diese erreichen. Dies wird Ihnen helfen, Ihre Gedanken und Energien auf das Erreichen Ihrer Ziele zu konzentrieren und Ihre Erfolgschancen zu erhöhen.

Zusammenfassend lässt sich sagen, dass das Gesetz der Anziehung bei richtiger Anwendung ein wirkungsvolles Werkzeug in der Unternehmenswelt sein kann. Indem Sie sich auf Ihre Gedanken, Emotionen, Beziehungen, Proaktivität, Anpassungsfähigkeit und Visualisierung konzentrieren, können Sie im Büro Erfolg, Wertschätzung und Anerkennung erzielen. Beginnen Sie also noch heute damit, das Gesetz der Anziehung zu praktizieren, und erleben Sie die positiven Veränderungen, die es in Ihrem Berufsleben mit sich bringt.

Kapitel 22: Geringes Selbstwertgefühl:

Für diejenigen, die mit einem geringen Selbstwertgefühl zu kämpfen haben, kann das Gesetz der Anziehung dabei helfen, Selbstvertrauen, Selbstliebe und ein positives Selbstbild aufzubauen.

Ein geringes Selbstwertgefühl ist ein häufiges Problem, das große Belastungen und negative Auswirkungen auf das eigene Leben verursachen kann. Es kann dazu führen, dass man an seinem Wert und seinen Fähigkeiten zweifelt, was zu einem Mangel an Selbstvertrauen und einem negativen

Selbstbild führt. Das Gesetz der Anziehung kann jedoch als Werkzeug genutzt werden, um das Selbstwertgefühl zu stärken und ein positives Selbstbild zu schaffen.

Das Gesetz der Anziehung besagt, dass wir das anziehen, woran wir denken und worauf wir uns konzentrieren. Wenn man also ständig negativ über sich selbst denkt, zieht man mehr Negativität in sein Leben. Diese Negativität kann die Form negativer Erfahrungen, Menschen und Situationen annehmen, die ihre negativen Überzeugungen über sich selbst verstärken. Indem sie jedoch ihre Gedanken und Überzeugungen ändern, können sie eine positive Einstellung annehmen und sich ein besseres Leben aufbauen.

Um mit dem Aufbau des Selbstwertgefühls zu beginnen, ist es wichtig, sich zunächst der eigenen negativen Selbstgespräche bewusst zu werden. Negative Selbstgespräche können unglaublich schädlich sein und negative Überzeugungen über sich selbst verstärken. Sich dieser negativen Gedanken bewusst zu werden und sie durch positive Affirmationen zu ersetzen, kann ein wirksames Mittel zum Aufbau des Selbstwertgefühls sein.

Positive Affirmationen sind Aussagen, die positive Überzeugungen über sich selbst bestätigen. Anstatt zum Beispiel zu sagen: „Ich bin nicht gut genug", kann man sagen: „Ich bin würdig und fähig." Diese Affirmationen können den ganzen Tag über wiederholt, aufgeschrieben oder sogar in der

Meditation oder während einer Visualisierungsübung visualisiert werden.

Visualisierungsübungen sind ein weiteres wirksames Instrument zum Aufbau des Selbstwertgefühls. Indem man sich selbst als selbstbewusst, erfolgreich und glücklich visualisiert, kann man damit beginnen, eine neue Realität für sich selbst zu schaffen. Während einer Visualisierungsübung kann man sich Situationen vorstellen, in denen man sich sicher und erfolgreich fühlt. Dies kann so einfach sein wie die Vorstellung, dass man bei der Arbeit eine erfolgreiche Präsentation hält oder sich mit Leichtigkeit und Selbstvertrauen mit Freunden trifft.

Neben positiven Affirmationen und Visualisierungsübungen ist es wichtig, Selbstfürsorge und Selbstliebe zu üben. Dazu können Aktivitäten wie Bewegung, Meditation und das Verbringen von Zeit mit Dingen gehören, die Freude und Glück bringen. Wenn jemand auf sich selbst und sein Wohlbefinden achtet, stärkt er positive Überzeugungen über sich selbst und baut sein Selbstwertgefühl auf.

Ein weiteres wirksames Werkzeug zum Aufbau des Selbstwertgefühls ist Dankbarkeit. Wenn man sich auf das Gute in seinem Leben konzentriert und darauf, wofür man dankbar ist, zieht man mehr Positivität und Fülle in sein Leben. Dankbarkeit kann geübt werden, indem man ein

Dankbarkeitstagebuch führt, in dem man jeden Tag Dinge aufschreibt, für die man dankbar ist.

Es ist wichtig, sich daran zu erinnern, dass der Aufbau von Selbstwertgefühl ein Prozess ist und Zeit braucht. Es ist keine schnelle Lösung, sondern eine Reise zu einem positiven Selbstbild und einem besseren Leben. Indem man konsequent positive Affirmationen, Visualisierungsübungen, Selbstfürsorge und Dankbarkeit praktiziert, kann man beginnen, seine Denkweise zu ändern und mehr Positivität in sein Leben zu ziehen.

Zusammenfassend lässt sich sagen, dass ein geringes Selbstwertgefühl ein herausforderndes Problem sein kann, das viele Menschen betrifft. Durch die Nutzung des Gesetzes der Anziehung und die Konzentration auf positive Gedanken und Gefühle über sich selbst ist es jedoch möglich, das Selbstwertgefühl zu stärken und ein positives Selbstbild zu schaffen. Durch konsequentes Praktizieren von Selbstliebe-, Dankbarkeits- und Visualisierungsübungen kann man mehr Positivität und Fülle in sein Leben ziehen, was zu einem glücklicheren und erfüllteren Leben führt.

Kapitel 23: Suchterholung:

Das Gesetz der Anziehung kann genutzt werden, um Sucht zu überwinden, indem man sich auf positive Gedanken und Gefühle konzentriert und ein neues und gesünderes Leben schafft.

Sucht ist ein ernstes Problem, das Millionen Menschen auf der ganzen Welt betrifft. Es kann schwierig sein, es zu überwinden, da es oft sowohl eine physische als auch eine psychische Abhängigkeit mit sich bringt. Das Gesetz der Anziehung kann jedoch ein wirksames Instrument bei der Genesung von Suchterkrankungen sein, da es sich auf positive Gedanken und Gefühle und die Schaffung eines neuen und gesünderen Lebens konzentriert.

Das Gesetz der Anziehung ist die Überzeugung, dass positive oder negative Gedanken und Gefühle das Leben eines Menschen beeinflussen können und dass Gleiches Gleiches anzieht. Wenn sich eine Person also auf positive Gedanken und Gefühle konzentriert, wird sie positive Ergebnisse in ihr Leben ziehen. Dieser Glaube kann auf die Genesung von Suchterkrankungen angewendet werden, da der Einzelne damit eine neue und positive Denkweise entwickeln und einen gesünderen Lebensstil anstreben kann.

Einer der ersten Schritte bei der Nutzung des Gesetzes der Anziehung zur Überwindung der Sucht besteht darin, die Art und Weise zu ändern, wie man über Sucht denkt. Anstatt Sucht als unüberwindbares Hindernis zu betrachten, können sich Einzelpersonen auf die positiven Aspekte der Genesung konzentrieren, wie zum Beispiel das Gefühl von Freiheit und Kontrolle, das mit dem Durchbrechen des Suchtkreislaufs einhergeht. Durch die Verlagerung des Fokus von den negativen Aspekten der Sucht auf die positiven Aspekte der Genesung können Einzelpersonen beginnen, positive Ergebnisse in ihr Leben zu bringen.

Eine andere Möglichkeit, das Gesetz der Anziehung bei der Genesung von Suchterkrankungen zu nutzen, besteht darin, sich auf positive Affirmationen zu konzentrieren. Affirmationen sind positive Aussagen, die man sich selbst wiederholt, um seine Denkweise zu ändern. Beispielsweise könnte eine Person, die mit einer Sucht zu kämpfen hat, die Aussage wiederholen: „Ich bin stark, fähig und habe die Kontrolle über mein Leben." Durch die regelmäßige Wiederholung positiver Affirmationen kann der Einzelne sein Unterbewusstsein neu programmieren, um sich auf positive Gedanken und Gefühle zu konzentrieren.

Neben positiven Affirmationen kann die Visualisierung auch ein wirksames Hilfsmittel bei der Genesung von Suchterkrankungen sein. Bei der Visualisierung geht es darum, mentale Bilder von sich selbst als gesunden und lebendigen

Menschen zu schaffen, der frei von Sucht ist. Beispielsweise kann sich eine Person, die mit Alkoholsucht zu kämpfen hat, vorstellen, dass sie morgens erfrischt und energiegeladen aufwacht, statt verkatert und lethargisch. Durch die regelmäßige Visualisierung positiver Ergebnisse können Einzelpersonen beginnen, diese Ergebnisse in ihr Leben zu integrieren.

Eine andere Möglichkeit, das Gesetz der Anziehung bei der Suchtheilung zu nutzen, besteht darin, sich auf Dankbarkeit zu konzentrieren. Dankbarkeit bedeutet, sich auf die positiven Aspekte des Lebens zu konzentrieren und Dankbarkeit dafür auszudrücken. Beispielsweise kann eine Person, die mit einer Sucht zu kämpfen hat, ihre Dankbarkeit für ihre Familie und Freunde zum Ausdruck bringen, die sie unterstützen, oder für die Gelegenheit, an einem Treffen einer Selbsthilfegruppe teilzunehmen. Durch die Fokussierung auf Dankbarkeit können Einzelpersonen ihren Fokus von negativen Gedanken und Gefühlen auf positive verlagern.

Schließlich kann das Gesetz der Anziehung genutzt werden, um Menschen zu einem gesünderen Lebensstil zu bewegen. Dazu gehört es, den Alltag positiv zu verändern, etwa eine gesunde Ernährung zu sich zu nehmen, regelmäßig Sport zu treiben und sich an Aktivitäten zu beteiligen, die das geistige und emotionale Wohlbefinden fördern. Durch einen gesünderen Lebensstil können Einzelpersonen ein neues und positives Umfeld für sich schaffen, das der Genesung von der Sucht förderlich ist.

Zusammenfassend lässt sich sagen, dass das Gesetz der Anziehung ein wirksames Instrument bei der Genesung von Suchterkrankungen sein kann. Durch die Konzentration auf positive Gedanken und Gefühle und die Schaffung eines neuen und gesünderen Lebensstils können Einzelpersonen positive Ergebnisse in ihr Leben bringen. Während die Genesung von einer Sucht ein herausfordernder Weg sein kann, bietet das Gesetz der Anziehung den Rahmen für den Einzelnen, ein positives und erfülltes Leben frei von Sucht zu führen.

Kapitel 24: Kreative Blockaden:

Wenn jemand Schwierigkeiten hat, etwas zu schaffen oder innovativ zu sein, kann das Gesetz der Anziehung genutzt werden, um kreative Blockaden zu lösen und neue Ideen zu inspirieren.

Kreativität ist ein wesentlicher Bestandteil der menschlichen Natur und ermöglicht es uns, uns auszudrücken und etwas Neues in die Welt zu bringen. Aber manchmal stoßen wir in unserem kreativen Prozess an eine Wand und es fällt uns schwer, neue Ideen zu entwickeln. Das kann frustrierend und demotivierend sein, aber glücklicherweise kann das Gesetz der Anziehung dabei helfen, diese kreativen Blockaden zu lösen und unser volles kreatives Potenzial freizusetzen.

Zunächst ist es wichtig zu verstehen, dass kreative Blockaden verschiedene Ursachen haben können. Manchmal liegt es einfach an einem Mangel an Inspiration oder Motivation, manchmal kann es aber auch auf Angst oder Selbstzweifel zurückzuführen sein. Was auch immer die Ursache sein mag, das Gesetz der Anziehung kann dabei helfen, diese Barrieren zu überwinden und neue Ideen in den Vordergrund zu rücken.

Eine Möglichkeit, das Gesetz der Anziehung zu nutzen, um kreative Blockaden zu lösen, besteht darin, sich auf positive Gedanken und Gefühle zu konzentrieren. Das bedeutet, negative Selbstgespräche aufzugeben und sich stattdessen auf selbstbestätigende Überzeugungen zu konzentrieren. Sie könnten sich zum Beispiel sagen, dass Sie ein kreativer Mensch mit einer Fülle von Ideen sind oder dass Sie in der Lage sind, sich etwas wirklich Einzigartiges und Inspirierendes auszudenken.

Eine andere Technik besteht darin, Dankbarkeit zu üben. Indem Sie Ihre Dankbarkeit für die Dinge zum Ausdruck bringen, die Sie in Ihrem Leben haben, können Sie Ihren Fokus weg von negativen Gedanken und Gefühlen und hin zu einer positiveren, auf Fülle ausgerichteten Denkweise verlagern. Dies kann besonders hilfreich sein, um kreative Blockaden zu überwinden, die auf Gefühlen des Mangels oder der Einschränkung beruhen.

Visualisierung ist ein weiteres mächtiges Werkzeug, mit dem kreative Blockaden gelöst werden können. Indem Sie sich vorstellen, wie Sie schaffen, innovativ sind und Erfolg haben, können Sie sich ein positives Bild davon machen, was Sie erreichen möchten. Dies kann dabei helfen, Zweifel oder Ängste zu überwinden und sich stattdessen auf die Möglichkeiten und das Potenzial zu konzentrieren, die in Ihnen vorhanden sind.

Wichtig ist auch, offen für neue Erfahrungen und Ideen zu sein. Oft entstehen kreative Blockaden, weil wir uns zu sehr auf ein bestimmtes Ergebnis konzentrieren. Indem wir uns für neue Erfahrungen und Ideen öffnen, können wir unsere Perspektive erweitern und neue Inspirationen einströmen lassen.

Eine Möglichkeit hierfür ist die Suche nach neuen Inspirationsquellen. Ganz gleich, ob Sie an einem Kurs teilnehmen, an einem Workshop teilnehmen oder einfach eine neue Umgebung erkunden: Sich neuen Ideen und Erfahrungen auszusetzen, kann dazu beitragen, neue Kreativität und Inspiration zu entfachen.

Schließlich ist es wichtig, Maßnahmen zu ergreifen. Manchmal entstehen kreative Blockaden, weil wir uns zu sehr auf die Idee der Perfektion konzentrieren oder zu große Angst vor dem Scheitern haben. Aber die Wahrheit ist, dass die einzige Möglichkeit, kreative Blockaden wirklich zu überwinden, darin besteht, aktiv zu werden und mit dem Schaffen zu beginnen. Indem Sie sich nach außen begeben und Risiken eingehen, können Sie Ihre Ängste überwinden und etwas wirklich Einzigartiges und Inspirierendes schaffen.

Zusammenfassend lässt sich sagen, dass kreative Blockaden eine frustrierende und demotivierende Erfahrung sein können, aber indem wir das Gesetz der Anziehung nutzen, können wir diese Blockaden lösen und unser volles kreatives Potenzial ausschöpfen. Indem wir uns auf positive Gedanken und Gefühle konzentrieren, Dankbarkeit und Visualisierung üben, offen für neue Erfahrungen und Ideen sind und Maßnahmen ergreifen, können wir eine Welt voller Kreativität und Innovation in uns selbst erschließen. Wenn Sie also das nächste Mal Schwierigkeiten haben, neue Ideen zu entwickeln, denken Sie daran, dass die Kraft zur Überwindung kreativer Blockaden in Ihnen liegt und Sie mithilfe des Gesetzes der Anziehung Ihr volles kreatives Potenzial entfalten können.

Kapitel 25: Psychische Gesundheitsherausforderungen:

Das Gesetz der Anziehung kann bei Depressionen, Angstzuständen und anderen psychischen Problemen helfen, indem es Gedanken und Überzeugungen dahingehend verändert, dass sie sich auf Positivität und Selbstliebe konzentrieren.

Die psychische Gesundheit ist ein entscheidender Aspekt des allgemeinen Wohlbefindens. Psychische Probleme wie Depressionen, Angstzustände und andere Erkrankungen können schwächend sein und es kann schwierig sein, wirksame Lösungen zu finden. Das Gesetz der Anziehung bietet jedoch einen einzigartigen Ansatz, um Menschen dabei zu helfen, ihre geistige Gesundheit zu verbessern.

Das Gesetz der Anziehung basiert auf der Idee, dass Gedanken und Überzeugungen unsere Realität erschaffen. Indem wir uns auf positive Gedanken und Gefühle konzentrieren, können wir positive Ergebnisse in unser Leben bringen. Das gleiche Prinzip kann auf psychische Gesundheitsprobleme angewendet werden. Durch die Umwandlung negativer Gedanken und Überzeugungen in positive kann der Einzelne sein geistiges Wohlbefinden verbessern.

Einer der Schlüsselaspekte bei der Nutzung des Gesetzes der Anziehung zur Verbesserung der psychischen Gesundheit ist Achtsamkeit. Achtsamkeit ist die Praxis, völlig präsent zu sein und sich der eigenen Gedanken, Gefühle und der Umgebung bewusst zu sein. Durch das Üben von Achtsamkeit kann sich der Einzelne seiner negativen Gedanken und Emotionen bewusster werden und lernen, sie durch positive zu ersetzen.

Positive Affirmationen sind ein weiteres Instrument, das zur Verbesserung der psychischen Gesundheit eingesetzt werden kann. Affirmationen sind positive Aussagen, die man sich selbst wiederholt, um positive Überzeugungen zu stärken. Beispiele für Affirmationen für die psychische Gesundheit sind „Ich bin würdig und verdiene Liebe", „Ich bin stark und belastbar" und „Ich entscheide mich, mich auf das Positive in meinem Leben zu konzentrieren."

Dankbarkeit ist auch ein wesentlicher Bestandteil des Gesetzes der Anziehung und kann zur Verbesserung der psychischen Gesundheit beitragen. Dankbarkeit bedeutet, sich auf die guten Dinge im Leben zu konzentrieren, was dazu beitragen kann, den Fokus von negativen Gedanken und Emotionen abzulenken. Durch regelmäßiges Praktizieren von Dankbarkeit können Menschen eine positive Einstellung entwickeln und ihr geistiges Wohlbefinden verbessern.

Visualisierung ist ein weiteres wirkungsvolles Werkzeug, das zur Verbesserung der psychischen Gesundheit eingesetzt werden kann. Bei der Visualisierung geht es darum, sich selbst in einem positiven und gesunden Zustand vorzustellen. Indem man sich selbst als gesund und glücklich visualisiert, kann man ein positives mentales Bild erzeugen, das dazu beitragen kann, positive Ergebnisse zu erzielen.

Zusätzlich zu diesen Instrumenten ist es auch wichtig, praktische Schritte zur Verbesserung der psychischen Gesundheit zu unternehmen. Dazu kann gehören, professionelle Hilfe von einem Therapeuten oder Berater zu suchen, Selbstfürsorge zu üben und sich an Aktivitäten zu beteiligen, die Freude und Erfüllung bringen.

Es ist wichtig zu beachten, dass die Anwendung des Gesetzes der Anziehung zur Verbesserung der psychischen Gesundheit kein Ersatz für professionelle Hilfe ist. Personen, die mit psychischen Problemen zu kämpfen haben, sollten sich an einen qualifizierten Arzt wenden. Das Gesetz der Anziehung kann in Verbindung mit einer professionellen Behandlung genutzt werden, um den Heilungsprozess zu fördern.

Zusammenfassend lässt sich sagen, dass es schwierig sein kann, psychische Herausforderungen zu bewältigen, aber das Gesetz der Anziehung bietet einen einzigartigen Ansatz zur Verbesserung des psychischen Wohlbefindens. Durch das Üben von Achtsamkeit, positiven Affirmationen, Dankbarkeit und Visualisierung sowie das Ergreifen praktischer Schritte zur Verbesserung der psychischen Gesundheit können Menschen ihre Gedanken und Überzeugungen ändern und sich auf Positivität und Selbstliebe konzentrieren. Dadurch können sie eine positivere Realität schaffen und ein erfüllteres Leben führen.

Kapitel 26: Akademische Kämpfe:

Das Gesetz der Anziehung kann genutzt werden, um Schülern mit akademischen Schwierigkeiten zu helfen, indem sie ihren Fokus auf positive Gedanken verlagern, Affirmationen schaffen und an sich selbst glauben.

Akademische Schwierigkeiten können für Studierende eine schwierige und frustrierende Erfahrung sein. Ganz gleich, ob es darum geht, ein Konzept zu verstehen, sich auf Schularbeiten zu konzentrieren oder sich mit der Hausarbeit überfordert zu fühlen – es kann leicht passieren, dass man in negative Denkmuster und das Gefühl der Unzulänglichkeit verfällt. Durch die Anwendung des Gesetzes der Anziehung können Studierende jedoch ihre akademischen Schwierigkeiten in Chancen für Wachstum und Erfolg verwandeln.

Das Gesetz der Anziehung ist ein wirksames Werkzeug, mit dem man seine Denkweise ändern und sich auf positive Ergebnisse konzentrieren kann. Es basiert auf dem Prinzip, dass unsere Gedanken und Überzeugungen unsere Realität erschaffen und dass wir durch die Konzentration auf positive Gedanken und Gefühle positive Erfahrungen in unser Leben ziehen können. Durch die Anwendung dieses Prinzips auf akademische Schwierigkeiten können Studierende beginnen, ihre Denkweise zu ändern und positive akademische Ergebnisse zu erzielen.

Der erste Schritt zur Nutzung des Gesetzes der Anziehung für den akademischen Erfolg besteht darin, negative Gedankenmuster und Überzeugungen zu identifizieren, die möglicherweise zu akademischen Schwierigkeiten beitragen. Dazu können Überzeugungen wie „Ich bin nicht schlau genug" oder „Das werde ich nie verstehen" gehören. Sobald diese negativen Überzeugungen identifiziert sind, können sie durch positive Affirmationen wie „Ich bin in der Lage, das zu verstehen" oder „Ich habe die Fähigkeit, akademisch erfolgreich zu sein" ersetzt werden.

Neben Affirmationen kann auch Visualisierung ein wirksames Instrument sein, um das Gesetz der Anziehung zur Verbesserung der schulischen Leistung zu nutzen. Die Visualisierung positiver Ergebnisse wie das Bestehen einer Prüfung, das Verstehen eines schwierigen Konzepts oder das Erhalten einer guten Note kann Schülern dabei helfen, diese positiven Erfahrungen in ihr Leben zu integrieren. Durch die Konzentration auf diese positiven Ergebnisse können Schüler ihre Denkweise von einer Niederlage hin zu einer Denkweise der Möglichkeit und des Potenzials ändern.

Eine weitere Möglichkeit, das Gesetz der Anziehung zur Verbesserung des akademischen Erfolgs zu nutzen, besteht darin, sich auf Dankbarkeit zu konzentrieren. Durch den Ausdruck von Dankbarkeit für akademische Leistungen, auch für kleine, können Studierende ihre Denkweise in Richtung Positivität ändern und mehr akademischen Erfolg erzielen. Dies kann erreicht werden, indem man ein Dankbarkeitstagebuch führt, seinen Dank gegenüber Lehrern oder Klassenkameraden ausdrückt oder sich einfach einen Moment Zeit nimmt, um über positive akademische Erfahrungen nachzudenken.

Es ist wichtig zu beachten, dass das Gesetz der Anziehung keine magische Lösung für akademische Kämpfe ist. Es erfordert konsequente Anstrengung und Hingabe, die eigene Denkweise in Richtung Positivität und Möglichkeiten zu verändern. Durch die Verwendung dieses Tools können Schüler jedoch erste Verbesserungen ihrer schulischen Leistungen und ihrer allgemeinen Einstellung zur Schule feststellen.

Neben individuellen Anstrengungen kann das Gesetz der Anziehung auch in einer Gruppenumgebung wie einem Klassenzimmer oder einer Lerngruppe angewendet werden. Durch die gemeinsame Konzentration auf positive akademische Ergebnisse können Studierende ein positives und unterstützendes akademisches Umfeld schaffen. Dies kann zu erhöhter Motivation, höherem Engagement und letztendlich zu einem besseren akademischen Erfolg führen.

Zusammenfassend lässt sich sagen, dass akademische Kämpfe schwierig und entmutigend sein können, aber durch die Anwendung des Gesetzes der Anziehung können

Studierende ihre Denkweise in Richtung Positivität ändern und akademischen Erfolg in ihr Leben ziehen. Durch die Identifizierung negativer Gedankenmuster und Überzeugungen, den Einsatz positiver Affirmationen und Visualisierungen, den Ausdruck von Dankbarkeit und die Schaffung eines positiven akademischen Umfelds können Studierende akademische Herausforderungen meistern und ihr volles Potenzial entfalten. Denken Sie daran, dass akademischer Erfolg in greifbarer Nähe ist und alles mit einer positiven Einstellung beginnt.

Kapitel 2 7 Brücke zwischen alter Weisheit und moderner Wissenschaft

Das Gesetz der Anziehung gibt es schon seit Jahrhunderten und es findet sich in verschiedenen alten Texten, darunter der Bibel, dem Tao Te Ching und den Upanishaden. Es ist Teil vieler religiöser und spiritueller Praktiken und seine Prinzipien wurden auf verschiedene Lebensbereiche angewendet. Allerdings hat das Konzept erst vor kurzem in der modernen Wissenschaft und Physik Anerkennung gefunden.

In den letzten Jahren erfreut sich das Gesetz der Anziehung bei Wissenschaftlern und Forschern auf dem Gebiet der Quantenphysik zunehmender Beliebtheit. Sie haben die Beziehung zwischen dem menschlichen Bewusstsein und der physischen Welt erforscht und herausgefunden, dass die Prinzipien des Gesetzes der Anziehung mit ihren Erkenntnissen übereinstimmen.

Die Quantenphysik hat gezeigt, dass die physikalische Welt nicht so objektiv und deterministisch ist, wie wir bisher dachten. Vielmehr wird es durch das Bewusstsein und die Wahrnehmung des Betrachters beeinflusst. Mit anderen Worten: Die Realität, die wir erleben, wird von unseren Gedanken und Überzeugungen geprägt, und wir haben die

Macht, unsere Wünsche in der physischen Welt zu manifestieren.

Das Gesetz der Anziehung basiert auf der Idee, dass wir das, worauf wir uns konzentrieren, in unser Leben ziehen, sei es positiv oder negativ. Unsere Gedanken und Gefühle haben eine Schwingungsfrequenz, die ähnliche Energien aus dem Universum anzieht. Wenn wir uns also auf positive Gedanken und Emotionen konzentrieren, können wir positive Erfahrungen und Ergebnisse in unserem Leben anziehen.

Auch viele antike Texte beschäftigen sich mit der Idee der Manifestation und der Kraft des Denkens. Im Tao Te Ching, einem alten chinesischen Text, heißt es beispielsweise, dass „Gedanken zu Dingen werden". In ähnlicher Weise sagt die Bibel: „Wie ein Mensch in seinem Herzen denkt, so ist er." Diese Texte betonen, wie wichtig es ist, sich auf positive Gedanken und Überzeugungen zu konzentrieren, um positive Ergebnisse im Leben zu erzielen.

Die moderne Wissenschaft hat auch Beweise geliefert, die die Prinzipien des Gesetzes der Anziehung stützen. Studien in der positiven Psychologie haben gezeigt, dass das Üben von Dankbarkeit, positivem Denken und Visualisierung einen erheblichen Einfluss auf das Wohlbefinden und den Erfolg eines Menschen haben kann. Studien zur Bildgebung des Gehirns haben auch gezeigt, dass die Konzentration auf positive Gedanken und Emotionen zu Veränderungen in der

Struktur und Funktion des Gehirns führen kann, was zu größerer Widerstandsfähigkeit und allgemeinem Glück führt.

Einer der wichtigsten Aspekte des Gesetzes der Anziehung besteht darin, dass es uns ermöglicht, Verantwortung für unser Leben zu übernehmen und die Kontrolle über unsere Gedanken und Überzeugungen zu übernehmen. Indem wir uns auf positive Gedanken und Emotionen konzentrieren, können wir unsere Wahrnehmung der Welt verändern und positive Erfahrungen und Ergebnisse erzielen. Wir können auch negative Gedanken und Emotionen loslassen, die uns davon abhalten, unsere Ziele zu erreichen.

Es gibt verschiedene Übungen, die man praktizieren kann, um das Gesetz der Anziehung in seinem Leben anzuwenden. Einige davon umfassen:

Visualisierung: Dabei geht es darum, mentale Bilder des gewünschten Ergebnisses zu erstellen und sich vorzustellen, wie man es erreicht. Es wird empfohlen, detailliert und mit Emotionen zu visualisieren, um eine stärkere Verbindung zum gewünschten Ergebnis herzustellen.

Dankbarkeit: Dankbarkeit zu üben bedeutet, sich auf die positiven Aspekte des Lebens zu konzentrieren und dafür dankbar zu sein. Dies trägt dazu bei, den Fokus von negativen Gedanken und Emotionen auf positive zu verlagern und so zu mehr positiven Erfahrungen zu führen.

Affirmationen: Affirmationen sind positive Aussagen, die man für sich selbst wiederholen kann, um positive Überzeugungen zu stärken und positive Ergebnisse zu erzielen.

Achtsamkeit: Achtsamkeit zu praktizieren bedeutet, präsent zu sein und sich der eigenen Gedanken und Gefühle bewusst zu sein und zu lernen, negative Gedanken und Gefühle loszulassen.

Zusammenfassend lässt sich sagen, dass das Gesetz der Anziehung nicht nur ein spirituelles oder religiöses Konzept ist, sondern auch in der modernen Wissenschaft und Physik Anerkennung gefunden hat. Die Prinzipien des Gesetzes der Anziehung stimmen mit den Erkenntnissen der Quantenphysik und Untersuchungen zur Bildgebung des Gehirns überein. Auch antike Texte aus verschiedenen Religionen und Teilen der Welt erforschen das Konzept der Manifestation und die Kraft des Denkens. Durch das Üben von Übungen wie Visualisierung, Dankbarkeit, Affirmationen und Achtsamkeit können wir das Gesetz der Anziehung in unserem Leben anwenden und positive Erfahrungen und Ergebnisse anziehen.

Kapitel 28 . Die Kraft des Gesetzes der Anziehung, um wie ein Millionär zu denken und zu werden

In diesem Buch haben wir die Kraft des Gesetzes der Anziehung untersucht und wie Sie es nutzen können, um wie ein Millionär zu denken und einer zu werden. Wir haben Schlüsselkonzepte wie die Millionärsmentalität, Visualisierung, Vision Boards, Affirmationen, Zielsetzung und Aktionsplanung sowie die Überwindung einschränkender Überzeugungen und Hindernisse behandelt.

Indem Sie die in diesem Buch beschriebenen Strategien befolgen, können Sie Ihr Gehirn trainieren, wie ein Millionär zu denken und Wohlstand und Erfolg in Ihr Leben zu locken. Es ist wichtig, sich daran zu erinnern, dass das Gesetz der Anziehung ein mächtiges Werkzeug ist, aber nur ein Teil der Gleichung. Um finanziell erfolgreich zu sein, müssen Sie auch Maßnahmen ergreifen und sich für Ihre Ziele einsetzen.

Der Weg zum Millionär ist vielleicht nicht einfach, aber er ist möglich. Mit harter Arbeit, Beharrlichkeit und einer positiven Einstellung können Sie Hindernisse überwinden und Ihre finanziellen Ziele erreichen. Beginnen Sie also noch heute damit, sich konkrete, messbare Ziele zu setzen, ein Vision Board zu erstellen und Ihr Gehirn mithilfe von Affirmationen zu trainieren, wie ein Millionär zu denken.

Denken Sie daran, dass Wohlstand und Erfolg in greifbarer Nähe sind. Indem Sie das Gesetz der Anziehung annehmen und Maßnahmen ergreifen, können Sie Millionär werden und das Leben Ihrer Träume leben.

Kapitel 29 . Zusammenfassung der wichtigsten Erkenntnisse

In diesem Kapitel fassen wir die wichtigsten Erkenntnisse aus den vorherigen Kapiteln von „Denken wie ein Millionär" zusammen. Das Ziel dieses Kapitels besteht darin, eine Kurzreferenz für Leser bereitzustellen, die sich schnell mit den wichtigsten Konzepten befassen möchten, die im Buch behandelt werden.

1. Überblick über das Gesetz der Anziehung

Das Gesetz der Anziehung besagt, dass wir das, worauf wir uns konzentrieren und an das wir glauben, in unser Leben ziehen.

Indem wir uns auf positive Gedanken und Überzeugungen konzentrieren, können wir Fülle und Wohlstand in unser Leben bringen.

2. Die Millionärsmentalität

Die Denkweise eines Millionärs zeichnet sich durch eine positive und reichhaltige Denkweise, einen starken Sinn für Ziele und die Verpflichtung zu kontinuierlichem Lernen und persönlichem Wachstum aus.

Um die Denkweise eines Millionärs zu entwickeln, müssen Sie eine positive und umfassende Einstellung einnehmen, sich auf Ihre Stärken konzentrieren und ein starkes Zielbewusstsein entwickeln.

3. A. Die Wissenschaft der Anziehung

Die Wissenschaft der Anziehung basiert auf dem Konzept des Gesetzes der Anziehung und der Kraft des Geistes, unsere Gedanken und Überzeugungen zu beeinflussen.

Wenn Sie die Wissenschaft der Anziehung verstehen, können Sie lernen, die Kraft Ihres Geistes zu nutzen, um Fülle und Wohlstand in Ihr Leben zu ziehen.

4. Wie Sie Ihrem Gehirn beibringen, wie ein Millionär zu denken

Um Ihr Gehirn darauf zu trainieren, wie ein Millionär zu denken, müssen Sie sich auf positive Gedanken und Überzeugungen konzentrieren, einen starken Sinn für Ziele entwickeln und eine Wachstumsmentalität annehmen.

Durch den Einsatz von Visualisierung, Vision Boards, Affirmationen und positiven Selbstgesprächen können Sie Ihr Gehirn trainieren, wie ein Millionär zu denken und Fülle in Ihr Leben zu bringen.

5. Die Bedeutung der Visualisierung Ihrer Ziele

Die Visualisierung Ihrer Ziele ist eine wirksame Möglichkeit, Fülle und Wohlstand in Ihr Leben zu bringen.

Indem Sie Ihre Ziele visualisieren, können Sie Ihr Gehirn trainieren, sich auf das gewünschte Ergebnis zu konzentrieren und Ihre Motivation zum Handeln steigern.

6. Erstellen eines Vision Boards

Ein Vision Board ist eine visuelle Darstellung Ihrer Ziele und Wünsche.

Durch die Erstellung eines Vision Boards können Sie Ihre Ziele und Bestrebungen im Vordergrund behalten und Fülle in Ihr Leben bringen.

7. Visualisieren in einem Halb-Trance-Zustand

Das Visualisieren in einem Halb-Trance-Zustand kann Ihnen dabei helfen, das Unterbewusstsein anzusprechen und Fülle in Ihr Leben zu bringen.

Um in einem Halbtrancezustand zu visualisieren, müssen Sie sich auf Ihren Atem konzentrieren, Ihren Körper entspannen und Ihre Ziele und Bestrebungen im Detail visualisieren.

8. Affirmationen und positive Selbstgespräche

Affirmationen und positive Selbstgespräche sind wirksame Werkzeuge, um Fülle und Wohlstand in Ihr Leben zu bringen.

Durch die Verwendung von Affirmationen und positiven Selbstgesprächen können Sie eine positive und reichhaltige

Denkweise entwickeln und Ihr Gehirn trainieren, wie ein Millionär zu denken.

9. Kraftvolle Affirmationen für Wohlstand und Erfolg erschaffen

Um kraftvolle Affirmationen für Wohlstand und Erfolg zu formulieren, müssen Sie sich auf positive und stärkende Aussagen konzentrieren, die mit Ihren Zielen und Bestrebungen übereinstimmen.

Indem Sie kraftvolle Affirmationen formulieren, können Sie Fülle und Wohlstand in Ihr Leben bringen.

10. Affirmationen in Ihren Alltag integrieren

Um Affirmationen in Ihren Alltag zu integrieren, müssen Sie sie zu einem festen Bestandteil Ihres Tages machen, beispielsweise als erstes am Morgen oder vor dem Schlafengehen.

Indem Sie Affirmationen in Ihren Alltag integrieren, können Sie Ihr Gehirn trainieren, positiv zu denken und Fülle in Ihr Leben zu bringen.

11. Zielsetzung und Aktionsplanung

Zielsetzung und Aktionsplanung sind unerlässlich, um Fülle und Wohlstand in Ihr Leben zu bringen.

Indem Sie sich konkrete, messbare Ziele setzen und Maßnahmen ergreifen, um diese zu erreichen, können Sie Fülle und Wohlstand in Ihr Leben bringen.

Kapitel 30 : Der Weg zum Denken und Leben eines Millionärs

In diesem Buch haben wir das Gesetz der Anziehung und seinen starken Einfluss auf Wohlstand und Erfolg untersucht. Indem Sie die Wissenschaft der Anziehung verstehen und eine millionenschwere Denkweise entwickeln, können Sie die Kraft Ihrer Gedanken und Überzeugungen nutzen, um Fülle in Ihr Leben zu ziehen.

Wir haben die Bedeutung von Visualisierung und Zielsetzung, die Vorteile von Affirmationen und positiven Selbstgesprächen sowie Strategien zur Überwindung einschränkender Überzeugungen und Hindernisse untersucht.

Um das Gesetz der Anziehung optimal zu nutzen, ist es wichtig, ein klares Verständnis davon zu haben, was Sie wollen, und konsequent und gezielt auf Ihre Ziele hinzuarbeiten. Denken Sie daran, dass es bei Wohlstand und Erfolg nicht nur um Geld geht, sondern auch um Gesundheit, Beziehungen und Glück.

Wenn Sie sich auf diese Reise des Denkens und Lebens als Millionär begeben, ist es wichtig, geduldig und beharrlich zu sein. Erfolg ist kein Ziel, sondern eine Reise. Nehmen Sie den Prozess an und seien Sie offen für neue Möglichkeiten und Erfahrungen.

Denken Sie daran, dass Sie der Herr Ihrer eigenen Gedanken und Überzeugungen sind und dass Sie die Macht haben, Ihre Realität zu gestalten. Indem Sie sich weiterhin auf Ihre Ziele konzentrieren, den Erfolg visualisieren und Maßnahmen zur Verwirklichung Ihrer Träume ergreifen, können Sie das Leben Ihrer Träume verwirklichen.

Die wichtigsten Erkenntnisse aus diesem Buch sind:

Das Gesetz der Anziehung ist eine mächtige Kraft, die Ihnen helfen kann, Wohlstand und Erfolg in Ihr Leben zu locken

Die Entwicklung einer Millionärsmentalität und positiver Überzeugungen ist entscheidend für den Erfolg

Visualisierung, Affirmationen und Zielsetzung sind wirksame Werkzeuge, um Fülle anzuziehen

Die Überwindung einschränkender Überzeugungen und Hindernisse ist ein wichtiger Teil der Reise

Um Ihre Ziele in die Tat umzusetzen, ist konsequentes, zielgerichtetes Handeln erforderlich.

Wir hoffen, dass Ihnen dieses Buch wertvolle Erkenntnisse und praktische Strategien vermittelt hat, wie Sie wie ein Millionär denken und ein Leben im Überfluss führen können. Der Weg zu Erfolg und Wohlstand steht Ihnen offen – Sie müssen nur den ersten Schritt tun.

Der „Bonusabschnitt" des Buches ist ein zusätzlicher Abschnitt, der den Lesern zusätzliche Ressourcen und Informationen bietet, die sie auf ihrem Weg zum Denken und Leben als Millionär unterstützen. Dieser Abschnitt kann Dinge enthalten wie:

Arbeitsblätter und Übungen helfen den Lesern, das Gelernte in die Praxis umzusetzen

Zusätzliche Tipps und Strategien zur Nutzung des Gesetzes der Anziehung, um Wohlstand und Erfolg anzuziehen

Inspirierende Erfolgsgeschichten von Menschen, die das Gesetz der Anziehung genutzt haben, um ihr Leben zu verändern

Empfehlungen zur weiteren Lektüre und Ressourcen für persönliches Wachstum und Entwicklung.

Dieser Bonusabschnitt dient als Ergänzung zum Hauptinhalt des Buches und bietet den Lesern zusätzliche Werkzeuge und Informationen, die sie auf ihrem Weg zum Denken und Leben als Millionär unterstützen.

Kapitel 31 : Meditation für Reichtum und Fülle

Einführung:

Meditation gilt seit langem als wirksames Mittel zur Förderung des körperlichen, geistigen und emotionalen Wohlbefindens. In diesem Kapitel werden wir die Rolle untersuchen, die Meditation dabei spielen kann, Reichtum und Fülle in Ihr Leben zu bringen. Indem Sie regelmäßige Meditationsübungen in Ihren Alltag integrieren, können Sie die Kraft des Gesetzes der Anziehung nutzen und den finanziellen Erfolg und die Fülle verwirklichen, die Sie sich wünschen.

Die Vorteile der Meditation für Wohlstand und Fülle:

Es gibt viele Möglichkeiten, wie Meditation Ihren Weg zu Reichtum und Fülle unterstützen kann. Zu den wichtigsten Vorteilen gehören:

Erhöhte Klarheit und Konzentration: Indem Sie sich die Zeit nehmen, Ihren Geist zur Ruhe zu bringen und sich auf Ihre Atmung zu konzentrieren, können Sie mehr Klarheit und Konzentration entwickeln. Dies kann Ihnen helfen, motiviert zu bleiben und Ihre finanziellen Ziele auch angesichts von Hindernissen und Rückschlägen auf dem richtigen Weg zu halten.

Erhöhtes positives Denken und Selbstwertgefühl: Meditation kann Ihnen helfen, eine positive Einstellung zu entwickeln, Stress abzubauen und das Selbstwertgefühl und Selbstwertgefühl zu steigern. Wenn Sie sich gut fühlen, sind Sie besser gerüstet, um die Fülle und den Erfolg zu erreichen, die Sie sich wünschen.

Verbesserte Visualisierungsfähigkeiten: Meditation kann Ihnen helfen, Ihre Visualisierungsfähigkeiten zu entwickeln und zu verbessern. Indem Sie Ihre gewünschten Ergebnisse regelmäßig visualisieren, können Sie Ihre Ziele und Wünsche Ihrer Realität näher bringen.

So praktizieren Sie Meditation für Reichtum und Fülle:

Um das Beste aus der Meditation für Reichtum und Fülle herauszuholen, ist es wichtig, regelmäßig zu praktizieren. Hier sind einige Schritte, die Sie befolgen können, um loszulegen:

Wählen Sie einen ruhigen, friedlichen Ort, an dem Sie nicht gestört werden.

Setzen Sie sich bequem hin und schließen Sie die Augen.

Konzentrieren Sie sich auf Ihre Atmung und lassen Sie Ihren Geist zur Ruhe kommen.

Stellen Sie sich vor, Sie seien von Fülle und Wohlstand umgeben. Sehen Sie sich in einer glücklichen, sicheren finanziellen Situation und mit genügend Geld, um alles zu tun, was Sie tun möchten.

Wiederholen Sie positive Affirmationen für sich selbst, wie zum Beispiel „Ich bin reich und erfolgreich", „Geld fließt leicht in mein Leben" oder „Ich verdiene Fülle und Wohlstand."

Meditieren Sie so lange, wie es Ihnen angenehm ist, normalerweise zwischen 10 und 20 Minuten.

Abschluss:

Meditation ist ein wirksames Werkzeug, um Wohlstand und Fülle in Ihr Leben zu bringen. Indem Sie regelmäßige Meditationsübungen in Ihren Alltag integrieren, können Sie die Kraft des Gesetzes der Anziehung nutzen, Ihr positives Denken steigern und Ihre Visualisierungsfähigkeiten verbessern. Ganz gleich, ob Sie sich gerade erst auf den Weg zu Reichtum und Überfluss machen oder Ihre bestehenden Praktiken vertiefen möchten, Meditation kann Ihnen dabei helfen, den finanziellen Erfolg und Wohlstand zu verwirklichen, den Sie sich wünschen.

Kapitel 32 : Weiterführende Literatur

Empfohlene Bücher zur Vertiefung Ihres Wissens und zur Praxis des Gesetzes der Anziehung

Herzlichen Glückwunsch zum Abschluss dieses Buches über das Gesetz der Anziehung! Ich hoffe, dass Sie dieses Buch als informativ und hilfreich auf Ihrem persönlichen Weg zur Verwirklichung Ihrer Träume und Wünsche empfunden haben.

Während Sie das Gesetz der Anziehung weiter erforschen, gibt es viele andere Bücher und Ressourcen, die weitere Einblicke und Anleitungen bieten können. Hier ein paar Empfehlungen:

„The Secret" von Rhonda Byrne – Dieses Buch ist ein Klassiker im Genre „Gesetz der Anziehung" und bietet einen detaillierten Einblick in die Prinzipien und Techniken des Gesetzes der Anziehung.

„Denke nach und werde reich" von Napoleon Hill – Dieses Buch ist ein zeitloser Klassiker, der sich mit der Kraft des positiven Denkens befasst und wie es in allen Lebensbereichen zum Erfolg führen kann.

„Du bist ein knallharter Kerl: So hörst du auf, an deiner Größe zu zweifeln und beginnst, ein fantastisches Leben zu führen" von Jen Sincero – Dieses Buch bietet eine humorvolle und nachvollziehbare Herangehensweise an das Gesetz der

Anziehung und wie du es nutzen kannst, um deine Ziele zu erreichen.

„The Power of Intention" von Wayne Dyer – In diesem Buch untersucht Dyer die Kraft der Absicht und wie sie Ihnen helfen kann, Ihre Wünsche zu verwirklichen und in allen Lebensbereichen Erfolg zu haben.

„Manifest Now: A Process for Identifying and Reversing Limiting Beliefs" von Idil Ahmed – Dieses Buch bietet einen Schritt-für-Schritt-Prozess zur Identifizierung und Freigabe einschränkender Überzeugungen, die Ihre Fähigkeit, Ihre Wünsche zu manifestieren, blockieren könnten.

„Das Gesetz der Anziehung: Die Grundlagen der Lehren Abrahams" von Esther und Jerry Hicks – Dieses Buch bietet einen umfassenden Überblick über die Lehren Abrahams über das Gesetz der Anziehung, vermittelt durch Esther Hicks.

Denken Sie daran, dass der Schlüssel zum Erfolg mit dem Gesetz der Anziehung Beständigkeit, Geduld und eine positive Einstellung ist. Üben Sie weiterhin die in diesem Buch beschriebenen Techniken und Übungen und bilden Sie sich durch Lektüre und andere Ressourcen weiter. Mit Hingabe und Ausdauer können Sie das Leben Ihrer Träume verwirklichen.

Kapitel 33 . Meisterkurs „Das Gesetz der Anziehung und Money Mindset".

Einführung:

Die Meisterklasse „Gesetz der Anziehung und Money Mindset" ist ein umfassendes Programm, das Ihnen dabei helfen soll, die Prinzipien des Gesetzes der Anziehung zu verstehen und in Ihrem Leben anzuwenden, insbesondere im Bereich Reichtum und Überfluss. Das Programm soll Sie auf eine Reise der Selbstfindung mitnehmen, bei der Sie lernen, wie Sie Ihr Gehirn trainieren, wie ein Millionär zu denken und mehr Geld in Ihr Leben zu locken.

Modul 1: Das Gesetz der Anziehung verstehen

In diesem Modul tauchen Sie tiefer in die Wissenschaft des Gesetzes der Anziehung und seiner Funktionsweise ein. Sie erfahren etwas über die verschiedenen Gesetze des Universums, wie das Gesetz der Schwingung, das Gesetz der Anziehung und das Gesetz des Zulassens, und wie sie sich auf Ihr finanzielles Wohlergehen auswirken. Sie erfahren außerdem, wie Ihre Gedanken und Gefühle Ihre Realität beeinflussen und wie Sie das Gesetz der Anziehung nutzen können, um das Leben zu erschaffen, das Sie sich wünschen.

Modul 2: Die Millionärsmentalität

Dieses Modul konzentriert sich auf die Entwicklung einer Millionärsmentalität. Sie erfahren mehr über die Überzeugungen und Gewohnheiten erfolgreicher und wohlhabender Menschen und wie Sie diese Eigenschaften übernehmen können, um mehr Geld in Ihr Leben zu locken. Außerdem erfahren Sie mehr über die Kraft von Visualisierung und Affirmationen und wie sie Ihnen dabei helfen können, Ihre gewünschten finanziellen Ergebnisse zu erzielen.

Modul 3: Die Wissenschaft der Anziehung

In diesem Modul tauchen Sie in die Wissenschaft der Anziehung ein und erfahren, welche Rolle Ihre Gedanken, Emotionen und Überzeugungen bei der Erschaffung Ihrer Realität spielen. Sie erfahren, welche Kraft positives Denken hat und wie es Ihnen dabei helfen kann, mehr Geld in Ihr Leben zu locken. Außerdem erfahren Sie, wie wichtig Achtsamkeit und Meditation sind und wie sie Ihnen helfen können, sich auf Ihre Ziele zu konzentrieren.

Modul 4: Erstellen eines Vision Boards

In diesem Modul erfahren Sie mehr über die Kraft der Visualisierung und wie Sie sie nutzen können, um mehr Geld in Ihr Leben zu locken. Sie erfahren, wie Sie ein Vision Board erstellen und es verwenden, um Ihre gewünschten finanziellen Ergebnisse zu verwirklichen. Außerdem erfahren Sie, wie wichtig es ist, konkrete, messbare Ziele zu haben und wie Sie Ihr Vision Board nutzen können, um diese zu erreichen.

Modul 5: Affirmationen und positive Selbstgespräche

In diesem Modul erfahren Sie mehr über die Kraft von Affirmationen und positiven Selbstgesprächen und wie Sie diese nutzen können, um mehr Geld in Ihr Leben zu locken. Sie erfahren, wie Sie kraftvolle Affirmationen erstellen, die Ihren Zielen entsprechen, und wie Sie sie in Ihrer täglichen Routine einsetzen, um Ihre gewünschten finanziellen Ergebnisse zu erzielen.

Modul 6: Affirmationen in Ihren Alltag integrieren

In diesem Modul erfahren Sie, wie wichtig es ist, Affirmationen in Ihren Alltag zu integrieren. Sie erfahren, wie Sie Affirmationen zu einem Teil Ihres täglichen Lebens machen und sie nutzen, um Ihr Unterbewusstsein neu zu programmieren und mehr Geld in Ihr Leben zu locken.

Modul 7: Zielsetzung und Aktionsplanung

In diesem Modul erfahren Sie, wie wichtig Zielsetzung und Aktionsplanung sind. Sie lernen, wie Sie spezifische, messbare, erreichbare, relevante und zeitgebundene (SMART) Ziele festlegen und einen Aktionsplan erstellen, um diese zu erreichen. Außerdem erfahren Sie, wie wichtig es ist, aktiv zu werden und wie Sie motiviert bleiben und sich auf Ihre Ziele konzentrieren können.

Modul 8: Begrenzende Überzeugungen und Hindernisse überwinden

In diesem Modul lernen Sie die einschränkenden Überzeugungen kennen, die Sie davon abhalten, mehr Geld in Ihr Leben zu locken. Sie erfahren, wie Sie diese einschränkenden Überzeugungen erkennen und überwinden und wie Sie mit Hindernissen und Rückschlägen umgehen, die auf Ihrem Weg zur finanziellen Freiheit auftreten können.

Kapitel 34 : Das Gesetz der Anziehung und die Money-Mindset-Meisterklasse für Fortgeschrittene

In diesem Kapitel gehen wir tiefer auf die spezifischen Schritte ein, die Sie unternehmen können, um die Denkweise eines Millionärs vollständig zu verkörpern und Fülle und Wohlstand in Ihr Leben zu bringen. Dieser Abschnitt dient als umfassender Meisterkurs und behandelt alle Schlüsselelemente des Gesetzes der Anziehung und wie Sie diese auf Ihre finanzielle Situation anwenden können.

Zunächst besprechen wir die Grundlagen des Gesetzes der Anziehung, einschließlich der Wichtigkeit, Ihre Gedanken und Gefühle auf das zu konzentrieren, was Sie anziehen möchten, und nicht auf das, was Sie nicht wollen. Wir werden auch auf die Kraft der Dankbarkeit eingehen und darauf, wie die Konzentration auf das, wofür Sie dankbar sind, Ihnen dabei helfen kann, mehr von dem zu manifestieren, was Sie wollen.

Als Nächstes werden wir die spezifischen Veränderungen in der Denkweise im Zusammenhang mit Geld untersuchen, die Sie vornehmen müssen, um Wohlstand und Überfluss anzuziehen. Dazu gehört, dass Sie Ihre Beziehung zu Geld verstehen, Ihre Überzeugungen über Überfluss ändern und ein Wohlstandsbewusstsein entwickeln.

Wir werden auch darauf eingehen, wie wichtig es ist, inspirierte Maßnahmen zu ergreifen und wie Sie Ihre Gedanken, Gefühle und Handlungen mit Ihren Zielen in Einklang bringen können. Dazu gehört es, sich konkrete, messbare und erreichbare Ziele zu setzen und täglich Maßnahmen zu ergreifen, um diese zu erreichen.

Abschließend werden wir die Rolle von Visualisierung und Affirmationen bei der Manifestation von Reichtum und Fülle besprechen. Wir gehen verschiedene Visualisierungs- und Affirmationstechniken durch und zeigen Ihnen, wie Sie diese für maximale Wirksamkeit in Ihren Alltag integrieren können.

Am Ende dieses Abschnitts werden Sie ein klares Verständnis dafür haben, wie Sie die Kraft des Gesetzes der Anziehung nutzen können, um Fülle und Wohlstand in Ihr Leben zu bringen, und Sie werden über alle Werkzeuge verfügen, die Sie brauchen, um wie ein Millionär zu denken und zu handeln.

Kapitel 35 : Tools und Ressourcen für weiteres Wachstum und Erfolg

Der Weg zum Millionär durch das Gesetz der Anziehung ist kein einmaliges Ereignis, sondern ein kontinuierlicher Prozess des Wachstums und der Entwicklung. Um die Denkweise und Gewohnheiten, die zum Erfolg führen, aufrechtzuerhalten und zu verbessern, ist es wichtig, Zugang zu Ressourcen und Tools zu haben, die Sie bei Ihren laufenden Bemühungen unterstützen.

A. Bücher und Audioressourcen: Es gibt viele Bücher und Audioressourcen zum Gesetz der Anziehung, des persönlichen Wachstums und der Schaffung von Wohlstand. Diese Ressourcen können Ihnen neue Erkenntnisse und Ideen liefern, die Ihnen helfen, motiviert zu bleiben und auf dem richtigen Weg zu Ihren Zielen zu bleiben.

B. Online-Kurse und Workshops: Online-Kurse und Workshops können Ihnen eine ausführliche Schulung und Anleitung zu bestimmten Aspekten des Gesetzes der Anziehung bieten, wie z. B. Zielsetzung, Visualisierung und Affirmationen. Diese Kurse können eine großartige Möglichkeit sein, Ihr Verständnis dieser Konzepte zu vertiefen und neue Fähigkeiten und Techniken zu erwerben, die Ihnen bei der Verwirklichung Ihrer Ziele helfen.

C. Support-Communitys: Der Beitritt zu einer Support-Community bietet Ihnen die Möglichkeit, mit Gleichgesinnten in Kontakt zu treten, die ebenfalls auf dem Weg zur finanziellen Freiheit sind. Diese Gemeinschaften können Ihnen Ermutigung, Unterstützung und Verantwortung bieten, was besonders hilfreich sein kann, wenn Sie unterwegs auf Herausforderungen und Rückschläge stoßen.

D. Coaching und Mentoring: Die Zusammenarbeit mit einem Coach oder Mentor kann Ihnen individuelle Anleitung und Unterstützung bei der Erreichung Ihrer finanziellen Ziele bieten. Diese Art der persönlichen Unterstützung kann Ihnen helfen, motiviert zu bleiben, Hindernisse zu überwinden und schneller Fortschritte bei der Erreichung Ihrer Ziele zu erzielen.

E. Tools zur persönlichen Entwicklung: Tools zur persönlichen Entwicklung wie Tagebücher, Planer und Vision Boards können äußerst hilfreich sein, um Sie konzentriert und auf dem Weg zu Ihren Zielen zu halten. Die regelmäßige Überprüfung Ihrer Ziele und Fortschritte kann Ihnen dabei helfen, motiviert zu bleiben und auf dem richtigen Weg zu den gewünschten Ergebnissen zu bleiben.

Zusammenfassend lässt sich sagen, dass der Zugriff auf eine Vielzahl von Tools und Ressourcen Ihnen dabei helfen kann, die Denkweise und Gewohnheiten eines Millionärs aufrechtzuerhalten und zu verbessern, die zu Ihrem Erfolg führen. Nutzen Sie auf Ihrem weiteren Weg zur finanziellen Freiheit diese Ressourcen und Tools, um konzentriert, motiviert und auf dem richtigen Weg zu Ihren Zielen zu bleiben.

Danke

Liebe Leser und Zuhörer,

Ich möchte jedem einzelnen von Ihnen meinen herzlichen Dank aussprechen, der sich die Zeit genommen hat, dieses Buch zu lesen oder anzuhören. Ich hoffe aufrichtig, dass das in diesem Buch vermittelte Wissen und die Erkenntnisse für Sie in Ihrem persönlichen und beruflichen Leben wertvoll sind.

Es war eine unglaubliche Reise, dieses Buch zu schreiben und tiefer in die Prinzipien des Gesetzes der Anziehung einzutauchen. Mein Ziel beim Schreiben dieses Buches war es, anderen zu helfen, die Kraft ihrer Gedanken und Gefühle zu verstehen und wie sie diese Kraft nutzen können, um ihre Träume und Wünsche zu verwirklichen. Ich glaube, dass das Gesetz der Anziehung ein Werkzeug ist, mit dem man ein glücklicheres und erfüllteres Leben schaffen kann, und ich hoffe, dass dies auch für Sie gilt.

Ich möchte jeden Einzelnen von Ihnen ermutigen, die Prinzipien des Gesetzes der Anziehung weiter zu erforschen und sie in Ihrem täglichen Leben anzuwenden. Denken Sie daran, dass Ihre Gedanken und Gefühle mächtige Kräfte sind, die Ihre Realität formen können, und dass Sie die Fähigkeit haben, das Leben zu verwirklichen, das Sie sich wünschen.

Darüber hinaus möchte ich Sie einladen, Ihre Erfolgsgeschichten mit mir zu teilen. Wenn Sie durch die

Anwendung der Prinzipien des Gesetzes der Anziehung in Ihrem Leben Erfolg hatten, teilen Sie mir bitte Ihre Geschichte mit. Ich sammle Geschichten, um sie in meiner nächsten Ausgabe zu veröffentlichen, und plane, sie in einem Buch zusammenzustellen.

Wir glauben, dass das Teilen von Erfolgsgeschichten für andere, die das Gesetz der Anziehung nutzen möchten, um positive Veränderungen in ihrem eigenen Leben herbeizuführen, unglaublich inspirierend sein kann. Deshalb möchten wir alle unsere Leser und Zuhörer einladen, ihre Geschichten mit uns zu teilen.

Haben Sie das Gesetz der Anziehung genutzt, um etwas zu manifestieren, was Sie sich schon lange gewünscht haben? Hat es Ihnen geholfen, eine Herausforderung zu meistern oder eine schwierige Situation in eine positive zu verwandeln? Wir wollen davon hören!

Ihre Geschichte kann so kurz oder so lang sein, wie Sie möchten, und Sie können wählen, ob Sie anonym bleiben oder einen Spitznamen verwenden möchten, wenn Sie möchten. Wir möchten Ihre Privatsphäre respektieren und gleichzeitig Ihre inspirierende Geschichte mit anderen teilen, die sich auf einer ähnlichen Reise befinden.

Wenn Sie daran interessiert sind, Ihre Geschichte mit uns zu teilen, senden Sie bitte eine E-Mail an **tpopat@gmail.com** mit dem Betreff „Law of Attraction Success Story". Wir werden alle Einsendungen prüfen und einige auswählen, die in unsere nächste Ausgabe aufgenommen werden sollen.

Indem Sie Ihren Erfolg teilen, können Sie andere dazu inspirieren und motivieren, das Gesetz der Anziehung zu nutzen, um positive Veränderungen in ihrem Leben herbeizuführen. Wir freuen uns von Ihnen zu hören!

Vielen Dank für Ihre Unterstützung und dafür, dass Sie sich entschieden haben, dieses Buch zu lesen oder anzuhören. Ich hoffe, dass Sie mich weiterhin auf meiner Reise begleiten und freue mich darauf, in meinen zukünftigen Büchern mehr Wissen und Erkenntnisse mit Ihnen zu teilen.

Mit Liebe und Dankbarkeit,

Tony Tushar Popat

Rückseite:

Dieses Buch ist ein Muss für jeden, der Inspiration und Anleitung sucht, wie man Hindernisse überwindet und Erfolg hat. Begleiten Sie Tony Tushar Popat auf seinem Weg zu Erfolg und Glück und lernen Sie die Prinzipien und Techniken kennen, die ihm beim Erreichen seiner Ziele geholfen haben. Ob Sie Student, Berufstätiger oder Unternehmer sind, dieses Buch ist für Sie. Lassen Sie sich diese Gelegenheit nicht entgehen, Ihr Leben zu verändern und Ihre Träume zu verwirklichen.

www.ingramcontent.com/pod-product-compliance
Lightning Source LLC
Chambersburg PA
CBHW060829220526
45466CB00003B/1038